AMANDA JENKINS · KRISTEN HENDRICKS · DALLAS JENKINS

VON JESUS GERUFEN

ANDACHTEN

Aus dem amerikanischen Englisch
von Annalena Pommerenke

SCM

R.Brockhaus

SCM

Stiftung Christliche Medien

SCM R.Brockhaus ist ein Imprint der SCM Verlagsgruppe, die zur
Stiftung Christliche Medien gehört, einer gemeinnützigen Stiftung,
die sich für die Förderung und Verbreitung christlicher Bücher,
Zeitschriften, Filme und Musik einsetzt.

3. Auflage 2022

© 2021 SCM R.Brockhaus in der SCM Verlagsgruppe GmbH
Max-Eyth-Str. 41 · 71088 Holzgerlingen
Internet: www.scm-brockhaus.de; E-Mail: info@scm-brockhaus.de

Originally published in English under the title: THE CHOSEN:
40 Days with Jesus. This book was first published in the United States by
BroadStreet Publishing Group LLC, 8646 Eagle Creek Circle, Suite 210,
Savage, MN 55378. Copyright © 2019 The Chosen Productions, LLC.
Translated by permission.
Soweit nicht anders angegeben, sind die Bibelverse
folgender Ausgabe entnommen:
Altes Testament: Hoffnung für alle ® Copyright © 1983, 1996, 2002,
2015 by Biblica, Inc.®. Verwendet mit freundlicher Genehmigung des
Herausgebers Fontis – Brunnen Basel
Neues Testament: Willkommen daheim. Übertragung des Neuen Testa-
ments, übersetzt von Fred Ritzhaupt, © 2009 by Gerth Medien in der
SCM Verlagsgruppe GmbH, Asslar
Weiter wurden verwendet:
Lutherbibel, revidiert 2017, © 2016 Deutsche Bibelgesellschaft, Stuttgart

Lektorat: Sabine Zürn, Wasserburg (Bodensee)
Übersetzung: Annalena Pommerenke
Autorenfotos: © Broad Street Publishing Group LLC
Umschlaggestaltung: Sybille Koschera, Stuttgart
Satz: typoscript GmbH, Walddorfhäslach
Druck und Bindung: GGP Media GmbH, Pößneck
Gedruckt in Deutschland
ISBN 978-3-417-00003-0
Bestell-Nr. 227.000.003

Für Simon Petrus, Maria Magdalena, Nikodemus und Matthäus

Bevor sie zu den Glaubenshelden wurden, die uns zur Serie The Chosen *inspirierten, waren sie so hoffnungslose Sünder wie wir.*

INHALT

Vorwort 7

Über die Serie *The Chosen* 9

Tag 1: Vorher 13

Tag 2: Befreiung 17

Tag 3: Repräsentieren 21

Tag 4: Worte 25

Tag 5: Der Rebell 29

Tag 6: Erlösung 35

Tag 7: Zweifel 41

Tag 8: Hoffnung 45

Tag 9: Neustart 49

Tag 10: Prüfung 53

Tag 11: Verkünden 57

Tag 12: Ablehnung 61

Tag 13: Vollmacht 65

Tag 14: Mut 71

Tag 15: Der Fels 75

Tag 16: Veränderung 79

Tag 17: Komm und sieh 83

Tag 18: Immanuel 87

Tag 19: Sorgen 93

Tag 20: Vertrauen 97

Tag 21: Nützlich 101

Tag 22: Ihr alle 105

Tag 23: Beziehung 109

Tag 24: Rein 115

Tag 25: Steh auf 119

Tag 26: Blind 123

Tag 27: Bettelarm 127

Tag 28: Gegenwart – Teil 1 131

Tag 29: Gegenwart – Teil 2 135

Tag 30: Licht 141

Tag 31: Macht 147

Tag 32: Glaube 151

Tag 33: Wahrnehmung 155

Tag 34: Wertvoll 159

Tag 35: Geheilt – Teil 1 163

Tag 36: Geheilt – Teil 2 167

Tag 37: Erschaffen 171

Tag 38: Wölfe 175

Tag 39: Quelle 179

Tag 40: Mission 183

Über die Autoren 187

VORWORT

Als der Sohn Gottes auf der Erde lebte, nahm er durch Erzählungen Verbindung zu den Menschen auf. Jesus verwendete allgemein bekannte Geschichten, um Gottes Wahrheiten besser verständlich zu machen. Die unveränderlichen Prinzipien des Himmels vermittelte er mithilfe von Gleichnissen über vertraute alltägliche Gegebenheiten und Personen, mit denen seine Zuhörer sich leicht identifizieren konnten. Diese Anekdoten, Legenden und Erzählungen waren Seelennahrung für alle, denen er begegnete.

So hat Gott, der Vater, der Menschheit seit Anbeginn des Kosmos seine Anliegen vermittelt: durch Geschichten. Denn Gott ist und war schon immer der erste Erzähler: »*Im Anfang war das Wort, und das Wort war bei Gott, und Gott war das Wort*« *(Johannes 1,1).*

Gott weiß: Die Themen des Himmels – Gnade, Vergebung, bedingungslose Liebe, Erlösung, Versöhnung und Rettung – schwingen in unseren Herzen und führen uns näher zu ihm. Diese Themen sind wie Geigensaiten, die sich durch unsere Seele ziehen und Gottes Wahrheit zum Klingen bringen, wenn sie auf die richtige Weise gestrichen werden.

Das ist es, was mein Freund Dallas Jenkins mit seiner beeindruckenden Serie *The Chosen* bewirkt. Sie nimmt uns mit auf eine Reise, auf der wir Jesus durch die Augen der realen Menschen sehen können, deren Leben er mit seinen Worten, seiner Liebe und seinen Taten von Grund auf veränderte. Stell dir vor, wie es wäre, auf den staubigen Straßen gemeinsam mit diesen Leuten unterwegs zu sein, die dem Messias begegneten!

Die Impulse in diesem Buch sollen dir dabei hilfreiche Begleiter sein. Mach dich die nächsten vierzig Tage auf den Weg. Lies die Andachten und denk über sie nach. Verdaue sie wie Nahrung für deine Seele. Schreib sie dir dann in dein Herz – nicht mit Tinte, sondern mit dem Geist des lebendigen Gottes.

Brian Bird

Drehbuchautor und Produzent von *Der Fall Jesus* und der TV-Serie *Die Coal Valley Saga*, Co-Autor der Andachtsbücher *When God Calls the Heart*

ÜBER DIE SERIE *THE CHOSEN*

Mein ganzes Leben lang war ich gläubig, habe zeitlebens das Christentum studiert und die Geschichten von Jesus schon unzählige Male gehört. Jeden Film und jede Mini-Serie über Jesus habe ich gesehen und davon gibt es Dutzende. Warum also eine neue TV-Serie über Jesus? Wegen dieses Buches, das du gerade liest!

Ich beobachte leidenschaftlich gerne, wie Menschen diese uralte Geschichte zum ersten Mal hören. Es kommt höchst selten vor, dass mich Jesus-Filme noch berühren oder begeistern, dasselbe gilt für viele christliche Bücher. Offen gestanden kenne ich das alles in- und auswendig, und außerdem ist es schwer, sich mit dem perfekten und fehlerlosen Sohn Gottes zu identifizieren. Aber ich kann mich mit den ziemlich menschlichen und fehlerhaften Leuten identifizieren, die bei ihm waren. Das Problem ist, dass die meisten Jesus-Projekte einfach eine Bibelgeschichte nach der anderen erzählen und die Lebensgeschichten all dieser Menschen unter den Tisch fallen lassen.

Eine TV-Serie zu produzieren, die Jesus aus der Perspektive der Menschen um ihn herum betrachtet – das hat mich berührt und begeistert. Ich erlebte ihn genauso wie sie. Alles fing mit einem kurzen Film über die Geburt Jesu aus der Sicht der Hirten an, den wir für unsere Gemeinde zu Weihnachten gedreht hatten. Die begeisterten Reaktionen bestätigten uns, dass wir da an etwas Größerem dran waren. Immer wieder hörte ich: »Ich kenne die Geschichte, aber so habe ich sie noch nie erlebt.«

Während wir die Folgen von Staffel 1 der Serie (und dieses Andachtsbuch) schrieben, tauchten wir ein in die Lebensgeschichten von Simon Petrus, Matthäus, Maria Magdalena, Nikodemus und einigen anderen, die Jesus live erlebt hatten. Wir fanden uns wieder in ihrer Sorglosigkeit, ihrer bewegten Vergangenheit, ihrem Glauben, ihren Zweifeln und ihrer verzweifelten Suche nach Veränderung... und letztlich auch in ihrer alles verändernden Begegnung mit Jesus.

Also noch mal: Warum eine neue TV-Serie über Jesus? Damit wir noch tiefer in das Thema einsteigen können, und dazu trägt hoffentlich auch dieses Buch bei. Doch das alles ist sinnlos, wenn es dich nicht zurück zur Bibel führt – nicht nur, um Jesus genauso zu erleben wie seine Nachfolger, sondern auch, um dich zu verändern und zu wachsen wie sie.

Wenn du also Lust darauf hast, mit uns gemeinsam tiefer zu graben, dann kann es losgehen. Die Nachfolger von Jesus waren Schüler (deshalb nannten sie ihn auch »Rabbi« oder »Lehrer«). Sei Schüler. Mach dir Notizen, sprich mit Gott über das, was du liest, und feiere die Tatsache, dass auch du dazu auserwählt bist, Botschafter zu sein für den, der die Welt erschaffen hat.

Eine Sache ist mir noch wichtig: Die Verbindung zwischen dem Buch und der Serie besteht darin, dass wir die Geschichten präsentieren und erzählen wollen, um deine Begeisterung für die Bibel und für den, der sie inspiriert hat, wieder neu aufleben zu lassen. Wir hoffen, dass die Serie und dieses Buch sich gegenseitig ergänzen und verstärken. Wir haben das Buch aber nicht geschrieben, um die Serie zu vermarkten; viele Inhalte werden in den Serienfolgen auch gar nicht thematisiert. Dieses Buch würde es auch ohne die Serie geben.

Ich weiß nicht, in welchem Abschnitt deiner Reise mit Jesus du dich gerade befindest – ob du eine Maria Magdalena bist, die Jesus nach einer schrecklichen Zeit ihres Lebens begegnete, oder eher ein Nikodemus, der zeit seines Lebens zu Gottes Team gehörte. Jesus hat uns immer wieder verdeutlicht, dass wir alle unglaublich viel zu lernen und Veränderung nötig haben.

Danke, dass du dich mit uns auf diese Reise begibst.

Dallas Jenkins

Regisseur von *The Chosen*

VORHER

»Fürchte dich nicht, denn ich habe dich erlöst; ich habe dich bei
deinem Namen gerufen; du bist mein!«
Jesaja 43,1 (LUT)

Bevor sie Jesus kennengelernt haben, hatte keiner von seinen
Begleitern ein richtig tolles Leben: Da gab es einen forschen,
ungestümen Fischer. Daneben einen frommen, hochnäsigen
Führer der religiösen Elite, einen schmierigen Steuereintreiber
und eine von Dämonen besessene Frau, die so unbedeutend
war, dass nichts über ihr vorheriges Leben berichtet wird und
wir darüber nur spekulieren können.

Dennoch berief Gott all diese Menschen mitten in ihrem
»Vorher«, und das zu einem Zeitpunkt, als sie sich nicht einmal
dessen bewusst waren, gebrochene Versionen ihrer selbst zu
sein. Gott beruft Menschen, bevor er sie zu verändern beginnt,
weil er hinter diesem »Vorher« das sieht, was er beabsichtigt

und geplant hatte. Er sieht bereits die Menschen, die er so liebt, dass er sie sein Eigen nennt.

Nehmen wir zum Beispiel Gottes auserwähltes Volk Israel. Jesaja prophezeite ihm: *»Fürchte dich nicht, denn ich habe dich erlöst« (Jesaja 43,1 [LUT])* – und zwar nicht, als die Israeliten gerade mal wieder gehorsam waren, sondern mitten in der Zeit ihrer Auflehnung mit Götzenverehrung, Verwirrung und extremer Gleichgültigkeit gegenüber dem, was Gott wichtig ist, ganz zu schweigen von den schmerzhaften Konsequenzen für Israel. Das war alles, lange bevor das Volk seine Taten bereute.

»Ich habe dich bei deinem Namen gerufen; du bist mein!« *(Jesaja 43,1 [LUT])* – als Jesaja diese Worte sprach, rebellierte Israel gegen alles, was Gott für sein Volk getan hatte und was er noch tun wollte. Doch Gott wandte sich nicht ab, sondern zeigte sich gnädig. Er sprach seine Liebe über seinem auserwählten Volk aus und nannte es sein Eigen, noch bevor es zustimmte. Er trat in ihr »Vorher«.

Gott spricht seine Wahrheit auch über uns aus. Sein Erlösungsplan ist in vollem Gange, denn er hat uns bei unserem Namen gerufen. Unsere Entscheidungen bringen ihn nicht von seinen Entscheidungen ab. Was wir sehen, wenn wir in den Spiegel schauen, bestimmt nicht, was er sieht oder wer wir in seiner Hand sein werden. Unsere Zerrissenheit ändert nichts an seinem Plan. Ebenso wenig bestimmen Umstände, andere

Menschen oder unsere eigenen Entscheidungen unseren Wert. Unseren Wert erhalten wir von dem, zu dem wir gehören.

Wir müssen also keine Angst haben. Fürchte dich nicht, du bist nicht, wer du sein wirst. Fürchte dich nicht, Gott kann dich von deinen Entscheidungen befreien und sie zum Guten wenden. Fürchte dich nicht, Gott kann dein Herz, deinen Körper, deine Beziehungen heilen. Fürchte dich nicht, du wurdest für mehr geschaffen als das, was du bisher erlebt hast. Fürchte dich nicht, dies ist erst der Anfang.

Keiner der Jünger Jesu hatte ein tolles »Vorher«. Doch jeder von ihnen hatte ein »Nachher«. Der ungehobelte Fischer wurde zu einem der größten Prediger der frühen Kirche, der Kranke und Gelähmte heilte und todesmutig war. Der gelehrte religiöse Führer, für den Glaube etwas Moralisches war, wurde zum Freund von Jesus, denn er hat die Heilige Schrift verstanden, sich von ihr verändern lassen und sie sein Leben lang hingebungsvoll erforscht. Der Steuereintreiber wurde zu einem der zwölf Jünger Jesu und Autor des ersten Evangeliums des Neuen Testaments. Und die Frau, die zu unbedeutend war, als dass jemand über ihr »Vorher« berichtete, war für Jesus so wertvoll, dass er ihr als erster Person nach seiner Auferstehung begegnete, die Erste, die seine feine Stimme vernahm, und die erste Zeugin der Bestätigung von allem, was er von sich behauptete – und sie war diejenige, die den anderen Jüngern davon erzählen durfte.

Gebetsfokus

Danke dem Vater, dass er deinen Namen kennt und ihn ruft – und dass er dich als sein Eigen identifiziert. Danke ihm, dass er dich von deinem »Vorher« befreit, und bitte ihn, dir bei allen Herausforderungen zu helfen.

Die nächsten Schritte

- Von welchen Teilen deines »Vorher« hat Gott dich erlöst und für welche dieser Befreiungen bist du am dankbarsten?
- Wie beeinflusst die Bibelstelle *»Ich habe dich bei deinem Namen gerufen; du bist mein!« (Jesaja 43,1 [LUT])* dein Heute?
- Wovor hast du Angst und wie wirkt sich Jesaja 43,1 – die Erklärung, die Gott seinen Auserwählten gibt – auf deine Angst aus?

BEFREIUNG

»Der HERR ist mein Fels, meine Festung und mein Erretter.«
2. Samuel 22,2

Wir alle sind schon mehrfach befreit worden. Allein durch unsere Geburt erhielten wir Freiheit. Gute Argumente befreien uns von Verwirrung und die Zeit befreit uns von unserer Vergangenheit. Befreiung ist ein fortlaufender Prozess. Sie findet auf unterschiedliche Art und Weise statt und reicht von einschneidenden Ereignissen bis hin zu gewohnten Situationen, die leise an uns vorbeihuschen. Das wusste auch Maria Magdalena.

Zuerst wurde sie von sieben Dämonen befreit. Im Lauf der drei Jahre, die Jesus mit seinen Jüngern unterwegs war, wurde sie von allem befreit, was sie bisher glaubte zu kennen. Maria, die bis dahin ständig von Dunkelheit verfolgt und gequält worden war (vgl. Lukas 8,2), wurde nun erleuchtet von Jesus, dem Licht der Welt. Die spärlichen Details über ihr Leben vor Jesus dienen lediglich dazu, ihre Befreiung zu verdeutlichen – weil Jesus sie vom Tod befreite, begleitete sie ihn als eine der wenigen bis zu seinem Tod.

Während der drei Jahre an Jesu Seite entwickelte sich Vertrautheit zwischen ihnen. Maria Magdalena kannte seine Stimme und sein Lachen. Sie lauschte aufmerksam seinen Worten. Manche konnte sie sofort erfassen, andere verstand sie nie ganz. Sie staunte über Jesu Mitgefühl für die Leidenden und die am Rande der Gesellschaft Lebenden. Sie war demjenigen treu ergeben, der die Unterdrückten heilte und Gefangene befreite. Jedes weitere Wunder bekräftigte, was sie bereits seit dem Moment wusste, in dem sie es selbst erlebt hatte: Er war der Messias.

Als Jesus verhaftet wurde und die Jünger sich zerstreuten, stand Maria Magdalena am Kreuz, gemeinsam mit der Frau, die den Messias geboren hatte. Nach der Kreuzigung ging sie zum Grab und sah, dass der Stein weggerollt worden war. Jesus – der Messias, ihr Erlöser, Lehrer und Freund – war nicht mehr da. Die Evangelien berichten unterschiedlich, was als Nächstes geschah, doch Lukas 24,7 schildert, dass Maria Magdalena an das erinnert wurde, was Jesus ihr in Galiläa gesagt hatte: »*Er würde in die Hände gottloser Menschen ausgeliefert, müsste am Kreuz sterben, würde aber am dritten Tage auferstehen.*« Diese Worte waren ihr zuvor entgangen, doch jetzt erinnerte sie sich daran und verstand, dass auch Jesus befreit wurde.

Nach diesem höchsten Opfer erschien der auferstandene Christus zuerst dieser hingebungsvollen Frau, über die wir so wenig wissen. Doch Jesus kannte sie. Er wusste genau, wovon er sie befreit hatte und wozu. Und während sie vor dem leeren Grab stand, sagte Jesus zu ihr, dass sie nun an der Reihe war. Maria Magdalena würde die erste Person sein, die die wichtigste Botschaft in der Menschheitsgeschichte überbringen sollte: Er ist auferstanden!

Gebetsfokus

Danke Gott für die Tatsache, dass seine Befreiung auch deine möglich gemacht hat. Bitte ihn darum, dir zu zeigen, wie du diese Botschaft anderen überbringen kannst.

Die nächsten Schritte

- Beschreibe, wovon Jesus dich befreit hat.
- Auf welche Weise kannst du dich mit Maria Magdalena identifizieren?
- Für welche Aufgabe hat Christus dich befreit?

REPRÄSENTIEREN

»Jeder, der vorhat, mit mir zu kommen, muss bereit sein, täglich eine Menge auf sich zu nehmen. Wer dabei sein Leben retten möchte, der wird es verlieren. Wer es dagegen um meinetwillen verliert, der wird es gewinnen.«
Lukas 9,23-24

Um unser Leben zu retten, müssen wir es aufgeben. Das klingt im ersten Moment verwirrend, ist aber absolut wichtig zu verstehen. Jesus sagte es zu den Jüngern, nachdem sie bereits alles stehen und liegen gelassen hatten, um mit ihm von Stadt zu Stadt zu ziehen. Sie opferten ihre Karrieren, ihr Zuhause und ihre Beziehungen für den Mann, den sie für den Messias hielten. Das Leben, wie sie es kannten, hatte sich grundlegend verändert, doch es würde noch mehr von ihnen erwartet werden – Jesus ging sogar noch weiter. Denn er wusste, was auf ihn zukam. Er wusste, dass er gehen würde. Und er wusste, dass seine Jünger das Fundament der frühen Kirche bilden würden. Dass sie dazu berufen waren, die rettende Wahrheit in der Welt zu verbreiten, Völker in die Nachfolge zu rufen und sich angesichts von Gefangenschaft, Folter und Tod zu ihm zu bekennen. Sie würden ihr irdisches Leben verlieren – im übertragenen und im wörtlichen Sinne – für all das, was sie dafür im Himmel erlangen würden.

Sie erfüllten ihre Aufgabe gut, denn ihre Bezeugungen und persönlichen Erzählungen über Jesu Worte und Taten waren glaubhafte Beweise seiner alles verändernden Liebe und seiner Wirkkraft in ihrem Leben. Sie teilten das Evangelium mit einer unbändigen, ansteckenden, beharrlichen Leidenschaft, wie wir sie heute, um ehrlich zu sein, nur noch selten finden. Wie schafften sie das?

Zuerst einmal: Sie waren nicht in sich selbst oder ihre Geschichten vernarrt. Sie haben nicht von Jesus erzählt, um den größtmöglichen persönlichen Nutzen daraus zu ziehen oder um Bestätigung, Sympathie oder einen Haufen Klicks und Likes abzusahnen. Sie machten sich weder selbst zu Helden noch schmückten sie ihr Leben, das sie geführt hatten, bevor Jesus in ihr Leben trat, mit pikanten und reißerischen Details aus. Es ist erstaunlich, wie wenig in der Bibel über ihre gebrochene Vergangenheit zu finden ist – der Fokus liegt fast ausschließlich auf Jesus.

Nehmen wir zum Beispiel Maria Magdalena. Dass Jesus sie von sieben Dämonen befreite, ist ein wesentlicher Bestandteil ihrer Geschichte, denn dadurch wird Jesu Macht demonstriert und erklärt, warum sie ihm so antwortete, wie sie es tat. Das war es dann aber auch. Das sind alle Details, die wir kennen müssen. Mit anderen Worten: Der Titel ihrer Autobiografie würde nicht »Die dunklen Jahre« lauten und sie würde sich nicht auf 300 Seiten mit ihren Monstern beschäftigen. Natürlich wäre das faszinierend. Aber wäre es auch wirkungsvoll und den verherrlichend, der sie rettete? Wohl kaum. Es gibt einen Grund, warum wir Maria erst nach ihrer Heilung kennenlernen: Hier beginnt nämlich die eigentliche Geschichte.

Es gibt ein paar andere Dinge, die wir über sie wissen: Sie folgte Jesus nach und unterstützte ihn finanziell bis zu seiner Kreuzigung. Sie gab also alles auf, um ihm nachzufolgen. Sie stand die Kreuzigung durch und blieb bei Jesus, während er litt und starb. Wie schon im vorigen Kapitel erwähnt, war sie die erste Person, der Jesus nach seiner Auferstehung erschien, und er sandte sie zu seinen Jüngern, um ihnen die alles verändernden Neuigkeiten zu überbringen. Alles nur, weil das Alte vergangen war. Jesus hatte ihr ein neues Leben geschenkt.

Das bedeutet für dich: Selbst wenn du erst seit zehn Minuten an Jesus glaubst, dann ist diese kurze Zeit wichtiger als die zwanzig, vierzig oder achtzig Jahre der Dunkelheit davor. Denn wir sind dazu berufen, Jesus zu repräsentieren und für das Leben zu sterben, von dem er uns befreit hat. Wenn wir das tun und er der Held unserer Geschichte bleibt, dann werden unsere Worte und unser Leben wirkungsvoll von der alles verändernden Kraft seiner Liebe erzählen.

Gebetsfokus

Danke Gott dafür, wie er dich verändert hat. Überlege, wo du Jesus nicht so repräsentiert hast, wie er es verdient, und beginne neu. Bitte ihn, Teil deiner Geschichte zu sein.

Die nächsten Schritte

- Fällt es dir schwer, dein Glaubensbekenntnis mit anderen zu teilen? Warum oder warum nicht?
- Mal ganz ehrlich: Wen oder was repräsentieren deine Worte am meisten?
- Was kannst du künftig sagen, damit in deinem Glaubensbekenntnis der Schwerpunkt auf deinem Leben »mit Jesus« liegt und nicht auf dem Leben »vor Jesus«?

WORTE

»Im Anfang war das Wort, und das Wort war bei Gott, und Gott war das Wort. Das Wort war von Anfang an bei Gott. Alles wurde durch es geschaffen, nichts wurde ins Dasein gerufen ohne das Wort. In der gesamten Schöpfung war es das Leben, und dieses Leben ist das Licht, das die Menschen zum Leben brauchen. Dieses Licht strahlte in der Dunkelheit, doch die Dunkelheit hat es nicht angenommen.«
Johannes 1,1-5

Das Wort stand am Anfang, vor dem Himmel und der Erde, vor Sonnenuntergängen und dem Pazifik, vor Wildblumen und Walen und Erdbeeren und Sommersprossen. Gott war schon da, bevor es alles andere gab, weil er alles geschaffen hat. Das Wort rief die Welt ins Leben, weshalb Jesus vermutlich auch »das Wort« genannt wurde. Durch seine Worte entstand alles, was wir kennen, und durch seine Worte kommen Licht und Erkenntnis, Heilung und Hoffnung. Die Worte, die Jesus sprach, änderten den Lauf der Geschichte – zusammen mit dem Leben von zwölf ganz gewöhnlichen Männern.

Die Jünger waren eine ungewöhnliche Gruppe, bestehend aus Fischern, dem radikalen politischen Verschwörer Simon Zelotes und einem habgierigen Steuerpächter... Keiner von ihnen hätte auf einer Sympathieskala besonders viele Punkte erreicht. Sie waren Typen mit Ecken und Kanten und von »Salz der Erde« über muffig hin zu absolut oberflächlich war alles dabei. Sie waren laut, stolz, habgierig, abwehrend, skeptisch und unabhängig – oder eine Kombination aus alldem, sodass es einen verwundert, dass solche Männer sich voll und ganz einließen auf Jesu einfache Worte: *»Kommt mit mir« (Markus 1,17).*

»Als er am Ufer des Galiläischen Sees vorbeikam, sah er Simon und seinen Bruder Andreas, die in hohem Bogen ihre Netze auswarfen. Sie waren nämlich Fischer von Beruf. Jesus rief ihnen zu: ›Kommt mit mir. Ich mache eine ganz neue Art von Fischern aus euch, solche, die Menschen an Land ziehen werden.‹ Sie packten die Netze in die Boote und folgten ihm. Ganz in der Nähe sah er die Brüder Jakobus und Johannes, die Söhne von Zebedäus. Sie saßen in ihrem Boot und flickten die Netze. Und auch sie sprach er an und lud sie ein, mit ihm zu kommen. Auf der Stelle verließen sie ihren Vater Zebedäus sowie das Fischerboot samt den Arbeitern und folgten ihm« (Markus 1,16-20).

Was in aller Welt ist denn hier los?! Sie ließen alles stehen und liegen und folgten ihm, einfach so? In Lukas 5,1-11 erfahren wir ein bisschen mehr über die Vorgeschichte. Jesus hatte gerade ein Wunder vollbracht, bevor er diese kühne Aufforderung aussprach. Aber es war trotzdem verrückt. Also denke ich, dass die Worte von Jesus ganz anders klangen, als wenn irgendjemand anderes sie gesagt hätte – ein anderer als das Wort selbst. »*In der gesamten Schöpfung war es das Leben, und dieses Leben ist das Licht, das die Menschen zum Leben brauchen. Dieses Licht strahlte in der Dunkelheit, doch die Dunkelheit hat es nicht angenommen*« (Johannes 1,4-5).

So seltsam es auch ist: Es ist trotzdem sinnvoll, für etwas vollkommen Unbekanntes alles fallen zu lassen, was man kennt. In Jesus ist Leben. Deshalb überwinden seine Worte Umstände und Grenzen. Sie erleuchten dunkle Ecken, nehmen Angst, Zweifel und Selbstschutz weg. Sie bringen Klarheit und schärfen unseren Blick für das, was echt, wahr und wichtig ist. Sie verhindern, dass wir unsere Lebensaufgabe verfehlen, und lassen uns stattdessen klar erkennen, dass unsere einzige Bestimmung darin liegt, demjenigen zu folgen, dem wir unsere Existenz zu verdanken haben.

Die Jünger gaben alles auf, was sie hatten, um Jesus zu folgen, als er sie rief. Drei Jahre lang lernten sie von ihm und hörten zu, wie er betete. Sie waren dabei, als er Kinder willkommen hieß, und jedes einzelne war ihm wichtig. Sie hörten, wie er

Witze erzählte und über ihre Witze lachte und wie respektvoll er mit seiner Mutter umging. Sie erlebten, wie er Kranke heilte, den Tempel verteidigte, die Überheblichkeit der Selbstgerechten anprangerte. Mit Worten. Hilflos standen sie dabei, als er nichts mehr sagte auf seinem Weg zur Kreuzigung. Zwölf gewöhnliche Männer, die anfangs ohne Plan und Ziel unterwegs waren, wurden durch Jesu Worte so verändert, dass sie sein Wort furchtlos bis ans Ende der Welt hinaustragen würden.

Gebetsfokus

Danke dem Vater für die Worte, die dein Leben am meisten prägen, wie zum Beispiel dein Lieblingsbibelvers. Bekenne dich zu ihm und zu seinem Wort und dazu, dass du seine Worte anderen weitersagst.

Die nächsten Schritte

- Beschreibe deinen ersten »Komm mit mir«-Moment mit Jesus.
- Welche Worte von Jesus schätzt du am meisten?
- Wie kannst du dich mehr wie Jesus ausdrücken, insbesondere auf Social-Media-Kanälen?

DER REBELL

»So kam das Wort als Licht der Wahrheit in die Welt, um das Leben jedes einzelnen Menschen hell zu machen. Es war in der Welt, die es selbst ins Dasein gerufen hatte, doch diese hat es nicht einmal bemerkt. Er kam in sein Eigentum, doch die Seinen nahmen ihn nicht auf. Doch allen, die ihr ganzes Vertrauen auf ihn setzten und ihn aufnahmen, gab er die Vollmacht, als Kinder Gottes leben zu können. Das sind die Menschen, die sich nicht mehr nur als Kinder ihrer leiblichen Väter verstehen, sondern für die Gott wirklich Vater geworden ist.«

Johannes 1,9-13

Er kam. Wie in einem Film. Stell dir die Szene so vor, wie zahlreiche Western anfangen: An einem trostlosen Ort zu einer trostlosen Zeit wartet alles auf die Ankunft des strahlenden Helden – mit dem Unterschied, dass Jesus auftaucht anstelle eines bewaffneten Cowboys, der in die Stadt geritten kommt, um sie (und die Lady) zu retten.

Er kam, um die Welt zu retten, ohne dass sie es mitbekam (vgl. Johannes 1,10). Stell dir das mal vor! Der Schöpfergott mischte sich unter seine Schöpfung, um sie zu retten, und niemand bemerkte es. Wie auch? Er sah einfach zu durchschnittlich aus: »*Er war weder stattlich noch schön. Nein, wir fanden ihn unansehnlich, er gefiel uns nicht*« *(Jesaja 53,2)*.

Außerdem war er zu arm, um andere zu beeindrucken. Das wissen wir aufgrund folgender Bibelstelle: »*Als dann die Tage der Reinigung, die Mose vorgeschrieben hatte, für Maria vorüber waren, brachten sie das Baby in den Tempel nach Jerusalem, um es Gott zu weihen. [...] Als Zeichen für diese Hingabe sollten nach Vorschrift des Gesetzes ein paar Turteltauben oder zwei junge Tauben geopfert werden*« *(Lukas 2,22.24)*. Nach dem Gesetz musste ein Lamm geopfert werden für die Reinigung von Schuld, es sei denn, jemand war zu arm, um sich eines leisten zu können. Dann konnten stattdessen auch zwei Turteltauben oder zwei junge Tauben geopfert werden.

Von alldem abgesehen stammte Jesus aus Nazareth, einem kleinen, abgelegenen Kaff, dessen Einwohner als ungebildet und hinterwäldlerisch galten: »*Philippus ging zu seinem Freund Nathanael. ›Wir haben den gefunden, von dem Mose im Gesetz geschrieben hat und den die Propheten angekündigt haben‹, erzählte er ihm begeistert. ›Es ist Jesus, der Sohn von Josef aus Nazaret.‹ Nathanael war wenig beeindruckt: ›Aus Nazaret?! Kann denn aus diesem Nest etwas Gutes kommen?‹*« *(Johannes 1,45-46)*.

»*Er kam in sein Eigentum, doch die Seinen nahmen ihn nicht auf*« *(Johannes 1,11)*: Jesus wuchs in Nazareth auf, doch er blieb nicht dort. Als er behauptete, der Messias zu sein, lehnten ihn die Leute ab und vertrieben ihn schließlich aus der Stadt: »*Alle Anwesenden verstanden, was er damit sagen wollte, und sie wurden furchtbar wütend auf ihn. Sie standen wie ein Mann auf und trieben ihn aus dem Dorf an den Rand eines steilen Abhangs, um ihn dort in den Tod zu stürzen. Doch Jesus schritt mitten durch die wütende Menge und ging einfach weg*« *(Lukas 4,28-30).*

»*Doch allen, die ihr ganzes Vertrauen auf ihn setzten und ihn aufnahmen,...*« *(Johannes 1,12)*: Außer dem Glauben gab es keine Bedingungen, um mit Jesus befreundet zu sein. Status, Alter, Rasse, Geschlecht waren genauso unwichtig wie Bildung, Leistungsnachweise oder gutes Verhalten – je größer die Verfehlung, desto größer die Vergebung. Er nahm die Armen an, die Reichen, die Intelligenten und die nicht so Intelligenten. Er durchbrach alle kulturellen, politischen und gesellschaftlichen Grenzen, um uns alle zu erreichen: »*Von jetzt an zählt es nicht mehr, ob jemand Jude oder Nichtjude ist, Sklave oder Freier, Mann oder Frau. Von jetzt an sind wir in Christus Jesus alle eins*« *(Galater 3,28).*

»*... gab er die Vollmacht, als Kinder Gottes leben zu können*« *(Johannes 1,12)*: Durch Jesus haben wir Anspruch auf die Rechte und Reichtümer des Himmels. Jesus wird zu unserem

Bruder und Gott zu unserem Vater. »*So aber haben sie nach einem besseren gesucht, das sie letztlich im Himmel gefunden haben. Darum hat Gott auch ›keine Scheu‹, zu bekennen, dass er ihr Gott ist, und er wird ihnen ganz sicher eine wunderbare Stadt bereitet haben*« (Hebräer 11,16).

Wegen seines Aussehens, seines Verhaltens und aufgrund der Menschen, mit denen er sich umgab, war es also ziemlich schwierig, Jesus als Messias zu erkennen. Doch diejenigen, die das kapierten und dem Rebellen folgten, nachdem ihnen die Augen geöffnet worden waren, erhielten den Lohn dafür. Das können wir auch. Und mit ihm werden wir selbst zu Rebellen – mit Jesus durch dick und dünn.

Gebetsfokus

Ehre den Vater und den Sohn für ihre einzigartigen Eigenschaften und bitte Gott, dir Stärke und Mut zu verleihen, um stolz zu verkünden, dass du einem Rebellen folgst.

Die nächsten Schritte

- Was findest du am erstaunlichsten an der Art und Weise, wie Jesus sein Wirken begann?

- Jesus streckte allen Menschen seine Hände entgegen. Wo musst du noch mehr wie er werden? Bei welchen Menschen fällt es dir schwer, sie anzunehmen?
- Bist du bereits ein Rebell für Jesus? Wo musst du noch rebellischer werden?

ERLÖSUNG

»Mose hat den Menschen das Gesetz gebracht, doch erst durch
Jesus Christus haben wir die ganze Wahrheit erfahren: dass alles
Gnade, unverdientes Erbarmen Gottes ist. Niemand hat Gott jemals
gesehen, doch der Sohn, der ganz eins ist mit dem Vater und am
Herzen seines Vaters ruht, hat uns gezeigt, wie Gott wirklich ist.«
Johannes 1,17-18

Das Alte Testament enthält viele interessante Erzählungen,
zum Beispiel die über einen großen Fisch, der einen Menschen
verschluckte, über eine Flut, die die Erde zurück auf Anfang
setzte, und über eine Stadtmauer, die durch den Klang von
Trompeten einstürzte – um nur ein paar zu nennen. Aber es
gibt noch jede Menge mehr von diesen verrückten Geschichten. Manche sind so unglaublich, dass man sie sich nur schwer
vorstellen kann. Gottes Plan dahinter zu erkennen ist meist
noch schwieriger, zumindest auf den ersten Blick. Deshalb ist
es ein Geschenk, etwas über Jesus zu lesen. Gottes Handeln im

Alten Testament ergibt Sinn, wenn wir im Neuen Testament lesen, was Jesus tat und sagte.

Nehmen wir den Wal. Gott wollte das sündhafte Volk von Ninive retten, doch der Prophet Jona wollte den Job nicht übernehmen, der Stadt ihren Untergang anzukündigen. Lieber begab er sich auf die Flucht. Aber Gott ließ nicht zu, dass Jona davonsegelte, sondern ließ ihn aus dem Boot plumpsen und von einem Meeresmonster verschlucken, welches direkt nach Ninive zurückschwamm. Drei Tage und Nächte lang war Jona im Bauch des Biests gefangen – genauso lang, wie Jesus im Grab lag. Nachdem er »auferstanden« war (bzw. an Land ausgespuckt wurde), überbrachte Jona Gottes Botschaft von Buße und Erlösung – und die Einwohner von Ninive glaubten. Ninives Rettungsgeschichte war eine Metapher, eine Andeutung dessen, was sich am Kreuz ereignen würde: 1. Die Menschheit rebellierte gegen Gott. 2. Gott schuf einen wundersamen Weg, um Gerechtigkeit wiederherzustellen. 3. Gott war gnädig mit den Menschen, die an ihn glaubten.

Dann gibt es da Noah. Gott befahl ihm, das größte Schiff zu bauen, das je ein Mensch gesehen hatte. Es war so riesig, dass es nicht vom Land ins Meer gezogen werden konnte – das Wasser musste zu ihm kommen. Und Noah ertrug den unbarmherzigen Spott von all den Gottesverächtern, die ihm bei der Arbeit zusahen – bis der Regen einsetzte, der die Erde überflutete und alle Lebewesen vernichtete, die sich nicht auf dem Schiff befanden. Auch Noahs Rettungsgeschichte war eine Metapher und eine Vorausdeutung auf das Geschehen am Kreuz: 1. Die Menschheit rebellierte gegen Gott. 2. Gott schuf einen wundersamen Weg, um Gerechtigkeit wiederherzustellen. 3. Gott war gnädig mit den (acht) Menschen, die an ihn glaubten.

Und nicht zuletzt Jericho: eine befestigte Stadt zwischen den Israeliten und dem verheißenen Land. Gott befahl den Israeliten, Jericho zu erobern, indem sie die Stadtmauern umzingelten und sieben Tage lang ihre Trompeten ertönen ließen – vermutlich das am wenigsten einschüchternde Blasinstrument, aber zurück zum Thema. Am siebten Tag brachte Gott die Mauern der Stadt zum Einsturz, alle Einwohner der Stadt wurden dabei getötet, bis auf ein paar wenige Gläubige. Auch diese Geschichte wurde zu einer Metapher, einer Andeutung dessen, was am Kreuz stattfinden würde: 1. Die Menschheit rebellierte gegen Gott. 2. Gott schuf einen wundersamen Weg, um Gerechtigkeit wiederherzustellen. 3. Gott war gnädig mit den Menschen, die an ihn glaubten.

Dieses Muster können wir in den meisten Geschichten des Alten Testaments finden, doch der übernatürliche Schnickschnack hält uns manchmal davon ab, das große Ganze dahinter zu erkennen: nämlich, dass vom Beginn der Erde bis jetzt und von jetzt bis zum Ende der Welt, wie wir sie kennen, Gott eine Geschichte der Rettung und Erlösung schreibt.

Und Jesus – der Schöpfer der Welt, der den Wolken zuflüstert, dass sie schneien sollen, der den Mount Everest erhob und den Grand Canyon formte, der die Galaxien ausrichtete und jeden Stern aufhing – schrieb sich selbst hinein in diese Geschichte. Er ließ es sich in menschlicher Gestalt nicht nehmen, 1. dass man gegen ihn rebellieren konnte, 2. einen wundersamen Weg anzubieten, um Gerechtigkeit wiederherzustellen, 3. gnädig zu sein mit allen, die an ihn glauben.

Weil Jesus uns wiederhergestellt hat, indem er uns zeigte, wer Gott ist und was sein Wille ist, können wir aus dem Alten Testament lernen, doch wir müssen es nicht mehr wiederholen. *»Niemand hat Gott jemals gesehen, doch der Sohn, der ganz eins ist mit dem Vater und am Herzen seines Vaters ruht, hat uns gezeigt, wie Gott wirklich ist«* *(Johannes 1,18)*.

Gebetsfokus

Danke Gott für seine Geschichte der Erlösung. Bitte ihn, sich dir noch mehr auf all den Wegen zu offenbaren, auf denen du ihm folgst.

Die nächsten Schritte

- Worum ging es Gott mit dem oben beschriebenen 1-2-3-Muster im Alten Testament?
- Was offenbart dir Jesu Opfer am Kreuz über Gott, den Vater?
- Wie kannst du deine Dankbarkeit zeigen für die Gnade, die dir für deine Rebellion schon zuteilwurde?

ZWEIFEL

»Da erschien ein Engel Gottes rechts des Opferaltars. Zacharias war zutiefst erschrocken und vor Furcht fast wie gelähmt. Doch der Engel versuchte, ihn zu beruhigen: ›Du brauchst dich nicht zu fürchten, Zacharias. Deine Gebete wurden erhört. Elisabet, deine Frau, wird einen Sohn zur Welt bringen. Du sollst ihn Johannes nennen. Du wirst dich freuen und jubeln, und nicht nur du: Viele werden sich über seine Geburt aufrichtig freuen. Er wird ein Mann Gottes werden, der, weil er von Geburt an mit dem Heiligen Geist erfüllt ist, auf Wein und andere berauschende Getränke verzichtet.‹ [...] Zacharias wandte ein: ›Hast du erwartet, dass ich das glaube? Ich bin ein alter Mann und meine Frau ist auch nicht jünger.‹ Doch der Engel ließ keinen Zweifel daran zu: ›Ich bin Gabriel, der Bote Gottes, und ausdrücklich zu dir gesandt, um dir diese frohe Nachricht zu bringen. Da du mir jedoch nicht glauben willst, wirst du nichts mehr sagen können bis zu dem Tag, an dem dein Sohn zur Welt kommt. Du wirst sehen, dass sich all das, was ich dir angekündigt habe, zu gegebener Zeit bewahrheiten wird.‹«
Lukas 1,11-15.18-20

Reporter: Zacharias, du bist schon seit vielen Jahren Priester. Man sagt, dass du und deine Frau Elisabeth gerecht vor Gott seid und dass ihr seine Anweisungen und Gebote tadellos befolgt. Warum ist es dir dann so schwergefallen, Erzengel Gabriel zu glauben, als er ankündigte, dass du einen Sohn bekommen würdest?

Zacharias: Zuerst einmal: Wenn dir plötzlich ein Engel begegnet, jagt dir das einen gehörigen Schrecken ein. Außerdem war ich gerade im Dienst und habe meine Aufgaben erledigt. Ein persönliches Gespräch mit Erzengel Gabriel habe ich am allerwenigsten erwartet.

Reporter: Du hast also gezweifelt, weil die Nachricht persönlich überbracht wurde?

Zacharias: Natürlich. Das hat mich total überrascht. Außerdem waren Elisabeth und ich ja bereits alt und längst über das fruchtbare Alter hinaus.

Reporter: Und du hast dich nicht an die Geschichte von Abraham und Sarah erinnert ... oder von Hanna oder Rebekka oder Rahel ... oder von anderen unfruchtbaren Frauen, bei denen Gott auf wundersame Art und Weise eingegriffen hat?

Zacharias: Ich habe daran gedacht, wie sehr wir für ein Kind gebetet haben. Viele Jahre lang. Wir beteten mit großem Vertrauen. Wir hofften. Wir vertrauten. Jahrzehntelang.

Reporter: Doch nichts passierte.

Zacharias: Nichts passierte. Dann war es zu spät und schweren Herzens akzeptierten wir Gottes Willen.

Reporter: Fühlte sich Gabriels Ankündigung eher schmerzhaft an als hoffnungsvoll?

Zacharias: Hoffnung kann wehtun, so dachte ich zumindest. Gabriel sagte mir, mein Gebet sei erhört worden. Er sagte mir, dass Elisabeth einen Sohn gebären würde und dass wir ihm den Namen Johannes geben sollten. Dass er uns eine Freude sein würde und dass er das Volk auf den Herrn vorbereiten würde. Das war wirklich unglaublich. Ein Wunder. Ich weiß, dass Gott treu ist. Ich weiß das. Aber trotzdem zweifelte ich. Ich bezweifelte, dass wir auserwählt worden waren.

Reporter: Wie lautete deine Antwort?

Zacharias: Ich fragte Gabriel, wie ich mir da sicher sein konnte, weil wir ja schon so alt waren – als ob Gott das nicht wüsste. Jetzt weiß ich, dass das eine lächerliche Frage war.

Reporter: Ich kann mir vorstellen, dass es den meisten Menschen unter solchen Umständen ähnlich gegangen wäre.

Zacharias: Danke für das Verständnis, doch das ist nicht nötig. Ich fragte tatsächlich einen von Gott gesandten Erzengel, ob ich das wirklich glauben konnte, was er mir sagte. Was habe ich mir dabei nur gedacht? Wie konnte ich nicht sofort auf die Knie fallen und Gott loben? Ich hatte nichts anderes verdient als das, was dann folgte.

Reporter: Dass du stumm wurdest?

Zacharias: Ja. Wegen meines peinlichen Unglaubens konnte ich nicht mehr sprechen, bis mein Sohn geboren war. Da begann ich sofort, Gott zu loben – was ich damals schon hätte tun sollen.

Reporter: Was würdest du nach dieser Erfahrung gern anderen mitteilen?

Zacharias: Das ist einfach. Kehr um und glaub an Gott. Gott hat dich auserwählt und er will dich gebrauchen, auch wenn du denkst, es sei zu spät oder unmöglich. Lass Gott Gott sein. Vertrau ihm und glaube. Du bist auserwählt.

Gebetsfokus

Bekenne Gott einen Bereich in deinem Leben, in dem du ihm nicht geglaubt hast, und entscheide dich dazu, dich ganz Gott hinzugeben und offen für das zu sein, was er tun will.

Die nächsten Schritte

- Gibt es etwas, worum du Gott wiederholt gebeten hast?
- Fällt es dir schwer zu glauben, dass Gott deine Gebete hört?
- Um welche besonderen Dinge in deinem Leben könntest du Gott bitten?

HOFFNUNG

»Durch ihn haben wir überhaupt erst einen Zugang zu diesem Leben in der Gnade erhalten, der durch den Glauben eröffnet wird. Jetzt können wir nur noch auf eines stolz sein: unsere Hoffnung auf die Herrlichkeit Gottes. Ach ja, und da ist noch etwas, für das wir dankbar sind: unsere Probleme und Schwierigkeiten. Wir wissen nämlich, dass wir mehr Geduld bekommen, wenn wir sie durchstehen. Und diese Geduld lässt uns wiederum erfahren, dass unser Glaube sich bewährt hat. Alles, was sich bewährt, nährt die Hoffnung, dass letztlich nichts umsonst ist und alles ein gutes Ende nimmt. Diese großartige Zuversicht dürfen wir haben, weil Gottes Liebe durch seinen Heiligen Geist in unsere Herzen ausgegossen wurde.«

Römer 5,2-5

Reporter: Elisabeth, erzähl mir, was dir durch den Kopf ging, als Zacharias vom Tempel zurückkam und versuchte, dir Gabriels Neuigkeiten zu überbringen.

Elisabeth: Na ja, ich war zutiefst geschockt, dass er nicht mehr sprechen konnte. Offensichtlich war etwas Unglaubliches passiert, doch ich hatte keine Ahnung, was ... oder warum er es mir nicht sagen konnte. Also holte ich schnell die Schreibtafel.

Reporter: Und als du es dann gelesen hast?

Elisabeth: Meine Güte! Freudentränen liefen mir übers Gesicht. Wie konnte das sein? Ich war absolut ehrfürchtig vor der Güte Gottes und seiner Gunst für uns.

Reporter: Dein Ehemann stellte Gabriel dieselbe Frage, nur eben nicht staunend und ehrfürchtig. Warst du von Zacharias' anfänglichem Unglauben enttäuscht?

Elisabeth: Zacharias ist ein guter Mann, ein rechtschaffener Mann, aber ich weiß auch, dass aufgeschobene Hoffnung das Herz krank machen kann. Ich war für ihn enttäuscht, nicht von ihm.

Reporter: Du hattest noch Hoffnung?

Elisabeth: Ich hatte den Wunsch nach einem Kind, aber meine Hoffnung war immer auf den Herrn gerichtet. Weißt du, ich denke an die Zeiten, in denen Zacharias und ich für ein Kind gebetet haben, während wir all die Jahre der Unfruchtbarkeit durchlitten und nicht ahnten, dass bereits jedes Detail von Johannes' Empfängnis, Geburt und Leben geplant war.

Reporter: Wie hast du auf die Nachricht reagiert, dass euer Kind der Botschafter sein würde, der mit der Macht von Elia das Kommen des Messias verkünden würde?

Elisabeth: Ich bin immer noch erstaunt darüber, dass wir schon jahrelang über denjenigen gelesen hatten, der »in der Wüste rufen würde«, bevor wir wussten, dass das unser Sohn sein würde. Ich fiel auf die Knie in Ehrfurcht vor Gottes Gnade. Ich war so überwältigt von Freude und Dankbarkeit. Die ersten fünf Schwangerschaftsmonate über zog ich mich komplett zurück und genoss das Wunder in mir ... und was das für Gottes Volk bedeuten würde. Er hat mich hierfür ausgewählt. Er wählte *mich* aus.

Reporter: Warum, glaubst du, musste das alles so geschehen?

Elisabeth: Ganz klar: Das Leben von Johannes dient dazu, die Versprechen Gottes, die er durch seine heiligen Propheten mitgeteilt hatte, zu erfüllen. Doch warum durch mich? Wie kam ich dazu, seine Mutter zu sein? Das weiß nur Gott. Ich kann mir vorstellen, dass er dadurch verdeutlichen wollte, dass alles von ihm kommt. Dass für Gott nichts unmöglich ist. Unsere wundersame kleine Familie ist der Beweis dafür. Und weil das niemand bestreiten kann, werden wir umso mehr die Zuversicht auf die Herrlichkeit Gottes preisen. Wir wurden auserwählt.

Gebetsfokus

Sei mutig und bitte Gott, dich nicht von schwierigen Umständen oder dem langen Warten auf Antworten zu befreien, sondern dich dadurch zu verändern.

Die nächsten Schritte

- Welchen Schmerz hast du schon erlebt, der Geduld, Charakterstärke und Hoffnung in dir hervorbrachte?
- Was war der Beweis für dein spirituelles Wachstum?
- Haben dich Gottes Güte und Gnade schon einmal zu Tränen gerührt? Warum?

Tag 9:
NEUSTART

»Johannes entgegnete: ›Ich taufe nur mit Wasser. Doch mitten
unter euch lebt bereits einer, den ihr noch nicht kennt. Er kommt
nach mir, aber er steht weit über mir. Ich bin nicht einmal würdig,
ihm wie ein Sklave die Sandalen nachzutragen.‹«
Johannes 1,24-27

Johannes der Täufer war ein eigenartiger Kerl. Er predigte
außerhalb der Stadt und kündigte den kommenden Messias
an, auf den die Juden schon lange warteten. Alles an ihm
war wild. Er hatte struppige Haare, schlechte Manieren, trug
Kamelhaar, aß Käfer und wies die Menschenmassen schroff
auf ihre Sünden hin, ganz egal, wie es ihnen gerade ging. Egal
ob Steuerpächter, Soldaten oder religiöse Führer – keiner blieb
verschont von seiner Botschaft. Doch trotz seiner Andersartig-
keit und seines seltsamen Outfits strömten die Menschen in
Massen hinaus in die buchstäbliche Wüste, um sich taufen zu
lassen.

Die Israeliten waren sehr vertraut mit dem Leben in der Wüste. Ihre Geschichte war geprägt davon: Noah und seine Familie waren die Einzigen, die von der alles zerstörenden Flut verschont geblieben waren, sodass sie die Wüste einer neuen Welt vor sich hatten, als sie die Arche wieder verließen (vgl. Genesis 8,15-17). Gott befahl Abraham, alles zurückzulassen und ihm in die Wüste zu folgen zu der Heimat, die er ihm zeigen würde (vgl. Genesis 12,1). Mose führte die Israeliten aus der Sklaverei in Ägypten hinein in die Wüste, wo sie vierzig Jahre lang umherwanderten, bevor sie das verheißene Land erreichten (vgl. Exodus 13,17-22). Jedes Mal war die Begegnung mit der Wüste wie ein Neustart nach dem Motto: Das Leben, wie ihr es bisher kanntet, ist vorbei. Etwas Neues hat begonnen (vgl. Jesaja 43,19).

Johannes' Botschaft aus der Wildnis war eindeutig: »Kehrt um, denn der Retter der Welt ist schon unter euch!« Wow, was für eine geheimnisvolle und coole Message. Bestimmt haben die Menschen erstaunt die Augen aufgerissen und gefragt: »Wer bist du denn? Der Messias? Elia? Oder irgendeine andere wichtige Person, die wir kennen sollten?« Doch Johannes war einfach nur der Typ, der den Knopf für den Neustart drückte und dafür sorgte, dass die Leute das wussten. *»Ich bin nicht der Messias ... Ich bin nicht einmal würdig, ihm wie ein Sklave die Sandalen nachzutragen« (Johannes 1,19-28).*

Es sollte nicht mehr lange dauern, bis Jesus aus der Menge hervortreten und so radikal anders predigen würde, als es die Menschen erwartet hatten. Er würde sie auffordern, alles hinter sich zu lassen und ihm auf dem Weg zu folgen, den er ihnen zeigen würde. Er würde sie von ihrer Schuld befreien und ihnen durch den Glauben zusichern, Erben des Himmelreichs zu sein. Er beendete nicht die römische Besatzung, wie die Leute es vom Messias erwartet hatten. Stattdessen bahnte er den Weg durch die Wüste (vgl. Jesaja 43,19). Mit seiner Ankunft begann eine neue Zeit.

Gebetsfokus

Bitte Gott, dass er dir zeigt, wo du einen Neustart benötigst. Sag ihm, dass du bereit bist, dafür auch in die Wüste zu gehen, wenn das nötig ist.

Die nächsten Schritte

- Beschreibe eine Phase in deinem Leben, in der du die Wüste erlebt hast. Wie hat Gott sich dir dort gezeigt?

- Wie beeinflussen die Worte »aus eurer Mitte« deine Sicht auf Jesus?
- Welche neue Sache bewirkt Gott gerade in deinem Leben und in deinem Herzen?

PRÜFUNG

»Wenn wir Jesus anschauen, wissen wir, wie Gott ist, den wir mit
unseren Augen nicht sehen können. Er ist der Erstgeborene unter
allen Geschöpfen, denn durch ihn wurde alles, was im Himmel
und auf der Erde ist, das Sichtbare genauso wie das Unsichtbare,
erschaffen. Alle Könige, Herrscher und Gewalten haben ihren
Ursprung in ihm und alle werden eines Tages auch vor ihm stehen.
Jesus hat vor allem existiert und alles in dieser Welt hat nur durch
ihn Bestand.«
Kolosser 1,15-17

Alles wurde durch Jesus erschaffen. Dazu gehörte auch die
Wüste. In Matthäus 4,1 wird folgende Szene beschrieben:
»Kurz darauf wurde Jesus vom Geist Gottes in die Wüste ge-
führt. Dort wurde er durch den Widersacher Gottes auf eine
harte Probe gestellt. Jesus hatte sich vorgenommen, eine längere
Zeit mit Fasten und Gebet zu verbringen. Nach etwa vierzig
Tagen wurde sein Hunger fast unerträglich. Darin lag die Chan-

ce für den Widersacher Gottes, der ihm einflüsterte: ›Also, wenn du schon Gottes Sohn bist, dann brauchst du doch nur etwas zu sagen und diese Steine hier verwandeln sich in Brotlaibe.‹« Gleich zu Beginn erfahren wir, wer die Macht hat. »Kurz darauf« beschreibt die zeitliche Dimension, ebenso die Angabe »vierzig Tage«. Tausende von Jahren, bevor er auf wundersame Weise in sie hineingeboren wurde, hatte Jesus den Lauf der Zeit geschaffen. Vor seiner Menschwerdung überwand er jedes physikalische Gesetz und jede Dimension, die diese Welt regiert. Dann legte Jesus seine Allgegenwart ab und unterwarf sich der Zeit.

Am Anfang schuf Jesus die Judäische Wüste. Er formte den felsigen Boden, tiefe Schluchten, steil abfallende Hänge und die karge Vegetation. Als er die Fundamente der Erde absteckte, wurden die genauen Koordinaten für die Zeit seines eigenen Leidens festgelegt. Jesus entsagte der Fülle und begab sich in diese versengte, öde Gegend.

Jesu Leib wurde erschaffen. Er entwarf seinen eigenen menschlichen Körper, gestaltete seine Zellatmung, die metabolischen Reaktionen und die biochemische Energie. Jesus wusste genau, wie jedes dieser komplexen Systeme auf seinen freiwilligen Verzicht reagieren würde. Er erlebte physisch, was er übernatürlich geschaffen hatte. Er legte die himmlische Vollkommenheit ab und gab sich ganz der körperlichen Erschöpfung hin.

Selbst sein Versucher wurde erschaffen. Gott erschuf Satan als Luzifer, den Engel mit dem höchsten Rang, der gegen Gott aufbegehrte und auf die Erde geworfen wurde, wo er seither als Teufel agiert. Wie Satan sich zum Bösen entwickelte, ist unklar. Gott behält die Erklärung für sich. Doch die Versuchung in der Wüste macht kristallklar, dass nichts Gottes Pläne vereiteln kann – weder das Timing noch die schrecklichen Umstände und ganz sicher nicht Satan. Um uns zu begegnen, verwies Jesus buchstäblich alle Widerstände in ihre Schranken. Er gab sich ganz dem Willen des Vaters hin.

Auch wir stehen von Zeit zu Zeit vor Prüfungen in unserem Leben – genauso wie die Jünger damals. Wir wissen nie im Voraus, wie wir darauf reagieren werden. Aber eines wissen wir sicher: Jesus hat alles erschaffen und wird jeder Prüfung standhalten. Und dieser Jesus lebt in uns!

Gebetsfokus

Niemand mag Prüfungen. Bitte Gott darum, dir zu helfen, sie nicht nur zu überstehen, sondern durch sie zu wachsen und näher zu ihm geführt zu werden.

Die nächsten Schritte

- Glaubst du, dass Gott alle Bestandteile, aus denen deine Prüfungen bestehen, geplant hat? Erkläre, warum oder warum nicht.
- Welche war die bisher größte Prüfung, die du bestehen musstest?
- Egal ob du dich momentan in einer Zeit der Prüfung befindest oder die nächste auf dich zukommt: Wie kannst du sie besser überstehen?

VERKÜNDEN

»Gottes Geist erfüllt mich; er hat mich auserwählt, den Armen
eine Botschaft zu sagen, die wirklich eine gute Nachricht für sie
ist. Er hat mich hinausgeschickt, den Gefangenen ihre Freilassung
anzukündigen, Blinde wieder sehend zu machen, Beladenen und
Niedergedrückten ihre Last von den Schultern zu nehmen und allen
anzukündigen: ›Dies ist Gottes Jahr, in dem er sich eurer erbarmen
wird!‹«

Lukas 4,18-19

Manche Leute sind der Meinung, dass Jesus nie behauptet
habe, Gott zu sein – dass er ein guter Mensch und ein begnadeter Lehrer gewesen sei, ein Menschenfreund und ein Vorbild, dem wir folgen sollten, doch dass er eigentlich nie vor-
gegeben habe, mehr zu sein als das, und dass seine Nachfolger
den »göttlichen« Teil hinzugefügt hätten.

Das ist falsch! Nehmen wir zum Beispiel die Szene in
der Synagoge in seiner Heimatstadt Nazareth: Jesus kam an

einem Sabbat dorthin, wie er es immer tat, um freiwillig aus der Schrift des Propheten Jesaja vorzulesen. Er kam zu obiger Bibelstelle, dem Vers des Tages (Lukas 4,18-19), der im 8. Jahrhundert v. Chr. geschrieben wurde, und las sie laut vor. Danach setzte er sich und sagte: »*Heute hat sich die Heilige Schrift vor euren Augen erfüllt*« *(Lukas 4,21).* Ähm, wie bitte?

Wie verrückt muss diese Aussage wohl in den Ohren der Menschen geklungen haben, die schon unzählige Gottesdienste am Sabbat mit Jesus begangen hatten? Er war in ihrer kleinen Stadt aufgewachsen, wurde von den Rabbis unterrichtet, spielte mit anderen Kindern auf der Straße, schnitzte Holz mit seinem Vater und fiel – laut Bibel – nicht besonders auf. Während der dreißig Jahre seines Lebens (und auch schon 400 Jahre zuvor) warteten die Menschen sehnlichst auf die Ankunft des Messias, der sie als ihr König von der Unterdrückung durch die Römer befreien würde. Das war zumindest das, was sie von ihm erwarteten. Doch sie hatten die Prophezeiungen missverstanden.

»*Er hat mich auserwählt, den Armen eine Botschaft zu sagen…*« *(Lukas 4,18-19):* Jesus kam und predigte vom Himmel, von dessen Reichtum, Schönheit, Unendlichkeit und Erreichbarkeit. Seine Botschaft lautete, dass es mehr im Leben gibt als das, was wir sehen – mehr für die Rechtlosen und mehr für die seelisch Verarmten.

»*Er hat mich hinausgeschickt, den Gefangenen ihre Freilassung anzukündigen ...*« *(Lukas 4,18-19):* Jesus war kein politischer Befreier, er war ein geistlicher Erlöser. Er kam, um die Freiheit von der Sünde, die uns versklavt, und all ihre unendlichen Auswirkungen zu verkünden.

»*... Blinde wieder sehend zu machen ...*« *(Lukas 4,18-19):* Jesus heilte Menschen, doch die körperliche Heilung war lediglich ein Symbol für das, was spirituell notwendig war. Jesus kam, um den Menschen die Augen und Herzen für ihre Sünde und für ihr Bedürfnis nach Hilfe und Barmherzigkeit zu öffnen; er wollte ihnen zeigen, dass er sie heilen wollte und konnte.

»*Dies ist Gottes Jahr, in dem er sich eurer erbarmen wird*« *(Lukas 4,18-19):* Jesus und das Geschenk der Erlösung, das er uns anbieten würde, sind Ausdruck von Gottes Gunst uns gegenüber, einer Welt, die ihn dringend braucht.

Jesus war in der Tat ein guter Mensch und begnadeter Lehrer, jemand, der freundlich, nett und herzlich war und all das. Doch er beanspruchte auch, in Erfüllung der alttestamentlichen Prophezeiung derjenige zu sein, der die Welt retten würde. An jenem Sabbat in seiner ruhigen Heimatstadt verkündete er dies auf eine Weise, die kein Anwesender missverstehen konnte: »Der seit langer Zeit vorhergesagte Messias, von dem ihr in euren Synagogen seit Jahrhunderten predigt – der bin ich.«

Gebetsfokus

Danke Gott für sein offenes Herz für die Unterdrückten. Bitte ihn, auch dir ein offenes Herz zu schenken und dir zu helfen, die Heilsbotschaft so mutig wie Jesus zu verkünden.

Die nächsten Schritte

- Welche Charaktereigenschaft Jesu sticht für dich aus dieser Geschichte am meisten heraus?
- Was denkst du: Wieso begann Jesus seine dreijährige Zeit des Wirkens mit dem öffentlichen Auftritt in seiner Heimatstadt?
- Wie kannst du den Menschen, für die Jesus kam, dieselbe Liebe zeigen?

Tag 12:

ABLEHNUNG

»»Aber es ist schon so: Kein Prophet ist in seiner Heimatstadt
willkommen.‹ […] Alle Anwesenden verstanden, was er damit sagen
wollte, und sie wurden furchtbar wütend auf ihn. Sie standen wie
ein Mann auf und trieben ihn aus dem Dorf an den Rand eines steilen Abhangs, um ihn dort in den Tod zu stürzen. Doch Jesus schritt
mitten durch die wütende Menge und ging einfach weg.«
Lukas 4,24.28-30

Tja, Vertrautheit zieht manchmal auch Verachtung nach sich.
Jesus wurde in seiner Heimatstadt nicht sehr bewundert. Er
besuchte die Synagoge und half bei der Schriftlesung aus. Als
er sich dann wieder setzte und sagte: *»Heute hat sich die Heilige Schrift vor euren Augen erfüllt«* (Lukas 4,21), war das für
die Leute erst einmal in Ordnung. Jesus war immerhin liebenswürdig – vielleicht etwas eigenartig, aber liebenswürdig,
sodass sie gut über ihn sprachen (vgl. Lukas 4,22).

Doch Jesus imponierte das nicht besonders. Da er ihre Herzen genau kannte, antwortete er: »*Aber es ist schon so: Kein Prophet ist in seiner Heimatstadt willkommen*« *(Lukas 4,24).* Das saß. Er sprach weiter und erinnerte die Leute daran, dass auch Elia und Elisa nicht gesandt worden waren, ihr eigenes Volk zu heilen, weil das Zeitverschwendung gewesen wäre.

Puh. Jesus machte der Menschenmenge in seiner Heimatstadt klar, dass sie dieselben Probleme hatten wie ihre Vorfahren im Alten Testament. Darüber regten sie sich so auf, dass sie ihn töten wollten. Durch nur ein klein wenig Provokation durch den Typen, den sie seit dreißig Jahren kannten, fühlten sich die Nazarener so angegriffen und wurden so wütend, dass sie Jesus aus der Stadt hinaus auf einen Hügel jagten, von wo sie ihn hinabstürzen wollten. Sie waren im Begriff, den Sohn von Maria und Josef umzubringen. Heftig? Ja. Erwartungsgemäß? Und ob. Denn an jenem Tag hatte Jesus aus der Prophezeiung von Jesaja vorgelesen, der die Ankunft des Messias verkündete, der aber verachtet und abgelehnt werden würde (vgl. Jesaja 53,3). Traurig.

Diese Leute kannten Jesus. Umso mehr hätten sie ehrfürchtig staunen sollen über Gottes Macht und Stärke, die so eindeutig an Jesus abzulesen war. Was hätte es denn sonst sein sollen? Er war der Zimmermann, der mit ihnen aufgewachsen war und der jetzt überall dort predigte und heilte, wo er hinkam. Doch wir neigen dazu, alles abzulehnen, was uns zwingt, uns oder unsere Meinung zu ändern, selbst wenn das von jemandem an uns herangetragen wird, der uns vertraut ist – dann fällt es uns sogar umso schwerer.

Der Gedanke, dass das, was sie bisher zu wissen glaubten, falsch sein könnte, war für sie so unbegreiflich wie die Vorstellung, die eigene Meinung in einer hitzigen Debatte auf Social Media zu ändern. Also verhärteten ihre Herzen. Sie hassten ihn und versuchten schließlich, ihn vom Berg zu stürzen. Dadurch erfüllten sie die Prophezeiung des Alten Testaments: *»Er wurde verachtet, von allen gemieden. Von Krankheit und Schmerzen war er gezeichnet. Man konnte seinen Anblick kaum ertragen. Wir wollten nichts von ihm wissen, ja, wir haben ihn sogar verachtet« (Jesaja 53,3).* Wie ironisch.

Gebetsfokus

Bitte Gott um die nötige Demut, die du brauchst, um die Wahrheit zu hören, wenn sie ausgesprochen wird, und bitte ihn um Weisheit und Klarheit, damit du weißt, wie du darauf antworten sollst.

Die nächsten Schritte

- Nimmst du eher einen Ratschlag von einem engen Freund oder von einer flüchtigen Bekanntschaft an? Warum oder warum nicht?
- Was war der Grund dafür, dass die Menschen Jesus verachteten und ablehnten? Warum hast du Jesus abgelehnt, bevor du ihn angenommen hast?
- Wann hast du zum letzten Mal in einer entscheidenden Sache deine Meinung geändert oder bemerkt, dass du falschlagst? (Hinweis: Wenn du dich nur schwer daran erinnerst, dann ist das vielleicht etwas, woran du arbeiten könntest ...)

Tag 13:
VOLLMACHT

»Er wanderte hinunter nach Kafarnaum, einen Ort am See Genne-saret. Dort lehrte er die Leute am Sabbat. Alle waren überrascht und beeindruckt von seiner Art zu lehren, weil er es mit einer für sie unbekannten Vollmacht tat.«
Lukas 4,31-32

Als Jesus Mensch war, hatten nur wenige Personen Autorität und Vollmacht. Die jüdische Religion schrieb nicht nur die Anbetungsplätze vor, sondern bestimmte auch die Gesetze des Landes in politischer, kultureller und gesellschaftlicher Hinsicht. Religionsführer hatte die Vollmacht, jedem vorzu-schreiben, wie sie zu leben hatten, denn sie gehörten zur herr-schenden Schicht in Israel. Hohepriester beschäftigten sich mit der Auslegung des Gesetzes nach Mose und bestimmten auch, wie ein Verbrechen definiert wurde. Oft führten sie Bestra-fungen durch, manchmal mitten auf der Straße. Es gab keine gerichtlichen Prozesse einer höheren Instanz, denn das machten alles die Hohepriester selbst. Du kannst dir also vorstellen, wie abschreckend es für sie gewesen sein muss, als der Sohn eines Zimmermanns ihre gut funktionierende Regierungsmaschinerie auf den Kopf stellte – und als wäre das nicht schlimm genug, liebte ihn auch noch das Volk.

Sich in dieses strikte System hineinzuwagen, verschaffte Jesus schnell einen Namen. *»Nach Sonnenuntergang war der Sabbat vorüber. Und schon brachten alle, die zu Hause Verwandte oder Freunde hatten, die krank waren oder Gebrechen hatten, diese zu ihm. Er legte einem nach dem anderen die Hände auf und heilte sie«* (Lukas 4,40). Klar, dass Jesus durch die Heilungen die Massen anzog, doch die Bibel berichtet auch wiederholt davon, dass die Menschen Ehrfurcht hatten vor der Vollmacht, mit der er sprach, und dass sie von nah und fern kamen, um ihn zu hören.

Wie muss sich ein Mensch anhören, der Ehrfurcht auslöst? »Er spricht mit Vollmacht« ist eine sehr spezielle Beobachtung, und doch stellten die Menschen dies immer wieder fest. Achtung, Spoiler-Alarm: Seine Art zu sprechen brachte ihm den Tod. Die Religionsführer hatten große Angst davor, ihren Einfluss zu verlieren, und nur jemand mit einer Vollmacht, die größer war als ihre eigene, konnte sie bedrohen.

Lukas 20,1-2 berichtet von solch einer Begegnung: *»In den kommenden Tagen lehrte Jesus im Tempel und tat alles, um den Menschen die Frohe Botschaft von der liebevollen Herrschaft*

Gottes nahezubringen. Das konnten die Hohenpriester, Schrift-
gelehrten und Ältesten auf Dauer nicht zulassen und so stellten
sie ihn eines Tages zur Rede: ›Zeig uns deine Bevollmächtigung.
Wer gibt dir die Autorität, hier einen Auflauf zu veranstalten
und dich als großer Lehrer aufzuspielen?‹«

Die Juden versuchten zu verstehen, woher diese Autorität
kam, die Jesus ausstrahlte. »Wer hat sie dir gegeben? Wer hat
dich gelehrt, so zu sprechen? Was gibt dir das Recht, in unser
Gebiet zu kommen und unser Volk zu unterrichten?« Seine
Antwort war einfach, doch sie würde sein Schicksal besie-
geln: »*Glaubt mir [...] bevor Abraham gewesen ist, bin ich*«
(*Johannes 8,58*).

Da war er: der Anspruch, der sowohl die Art, wie Jesus
sprach, als auch die Reaktion der Leute darauf erklärte. »Ich
bin« ist der Name, den Gott sich selbst gab, als er Mose beauf-
tragte, die Israeliten aus Ägypten zu befreien (vgl. Exodus 3),
und auf den Gott sich im Buch Jesaja immer wieder bezieht –
und seine Zuhörer kannten sich gut aus mit der Schrift, auf
die er sich berief.

Kurz gesagt: Jesus sprach durch seine eigene Vollmacht.
Klar, dass er nie ins Straucheln geriet, wenn es darum ging,
Fragen zu beantworten oder das Gesetz zu interpretieren – er
hatte es geschrieben. Natürlich fürchtete er sich nicht vor den
Römern oder irgendeiner anderen Regierungsmacht – Impe-
rien wurden groß und stürzten in sich zusammen durch sein

Wort. Die Vollmacht, mit der er sprach, war seine eigene. Er ist derjenige, der die Welt ins Leben rief; der Planeten auf ihrer Umlaufbahn hält und Berge an ihrem Ort; der den Gezeiten befiehlt, sich zu erheben, und den Obstgärten, zu blühen; der E-Moll und Welpen erschaffen hat; der von den Toten auferstanden ist – und wir alle werden ihm eines Tages Rechenschaft ablegen. Also ja: Kein Wunder, dass er mit Autorität predigen konnte – es hat sich gelohnt.

Gebetsfokus

Danke Gott, dass er die Macht hat und nicht du. Bereue die Bereiche in deinem Leben, die nicht unter seiner Vollmacht stehen, und bitte ihn um seine Hilfe, um ihm diese Bereiche zu übergeben.

Die nächsten Schritte

- Gibt es einen Bereich in deinem Leben, in dem du Jesu Vollmacht ablehnst?

- Auf welche Weise bringt seine Vollmacht Frieden und Trost in dein Leben?
- Wie kannst du noch mehr Bereiche deines Lebens unter Gottes Vollmacht stellen?

MUT

»Und genau diesen Gedanken möchte ich auch euch mitgeben:
Bittet, und ihr werdet erhalten, sucht, und ihr werdet finden, klopft
an, und die Türe wird sich öffnen.«
Lukas 11,9

Andreas war einer der Ersten, der dieses Bitten-suchen-an-
klopfen-Prinzip übernommen hat. Soweit wir wissen, war
Andreas der erste der zwölf Jünger, der sozusagen bei Jesus
anklopfte. Die beiden trafen sich ganz zufällig, als Johannes
der Täufer auf Jesus hinwies. Andreas war ein Jünger von
Johannes. Als dieser, der ja den Weg für das Lamm Gottes
vorbereitet hatte, rief: »*Seht, das ist Gottes Lamm!*« *(Johannes
1,29)*, verschwendete Andreas nicht viel Zeit. Er und ein wei-
terer Jünger von Johannes schlossen sich Jesus an.

»Was wollt ihr?«, fragte Jesus. Sie antworteten ihm mit einer
Frage: »Wo wohnst du?« (vgl. Johannes 1,38). Jesus belohnte
ihren Mut mit der Einladung, den Tag mit ihm gemeinsam

zu verbringen, also folgten sie ihm zu seinem Haus – wo er ihnen die Tür öffnete. Mit anderen Worten: Ein symbolisches Anklopfen führte zu einer Unterhaltung, und sie wussten, dass sie den Messias gefunden hatten. Andreas ging los und erzählte seinem Bruder Simon davon. Und als Jesus Simon am Strand rief, ließen Simon und Andreas alles fallen und gingen mit ihm. Das war der alles verändernde Tag, der mit der einfachen Frage begann: »Was wollt ihr?« Sie wollten Jesus.

Als ihr Dienst in vollem Gange war, bat ein Jünger Jesus, ihnen das Predigen beizubringen, so wie Johannes der Täufer es seine Jünger lehrte (vgl. Lukas 11,1). Vermutlich war es Andreas, der frühere Jünger von Johannes, der kein Problem damit hatte, Jesus um etwas zu bitten. Jesus tat ihnen den Gefallen und lehrte sie das Vaterunser. Dann erzählte er die Geschichte eines mutig Bittenden – ein Typ, der um Mitternacht an die Tür eines Freundes klopfte und um drei Brotlaibe bat. Der Freund lag schon im Bett und das Haus war verschlossen, doch er stand trotzdem auf – nicht, weil sein Freund ihn darum bat, erklärte Jesus, sondern wegen der verrückten mitternächtlichen Dreistigkeit des anderen. Jesus betonte die Aussage der Geschichte mit der bekannten Ermahnung: *»Bittet, und ihr werdet erhalten, sucht, und ihr werdet finden, klopft an, und die Türe wird sich öffnen« (Lukas 11,9).*

Der Austausch zwischen Jesus und Andreas ist ein schöner und einfacher Beweis des »Suchen und finden«-Versprechens.

Andreas war mutig. Er wollte Antworten, also fragte er. Er suchte nach dem Messias und Jesus öffnete ihm seine Tür und gab ihm das Brot des Lebens. Jesus stellt auch uns die Frage: »Was willst du?« Man weiß nie, ob die Antwort nicht vielleicht zum »Gamechanger« des Tages wird.

Gebetsfokus

Sei mutig! Bitte Gott um Erkenntnis, Wachstum und Veränderung. Bitte ihn um Klarheit in den Bereichen deines Lebens, die dich verunsichern.

Die nächsten Schritte

- Beschreibe eine Situation, in der du dich mutig an Jesus gewendet hast. Worum hast du ihn gebeten?
- Was hat er dir geantwortet?
- Wie würdest du diese Frage von Jesus beantworten: »Was willst du?«?

Tag 15:

DER FELS

»Und jetzt möchte ich dir sagen, wer du in meinen Augen bist:
Du bist Petrus, ein Fels. Das ist der Fels, auf den ich meine Kirche
bauen möchte; eine Kirche, die unüberwindbar ist, weil sie sich zu
mir bekennt, auch wenn sich die Tore der Hölle öffnen sollten, um
sie zu verschlingen. Doch das ist noch nicht alles. Ich werde dir
die Schlüssel des Himmelreiches geben; was du hier auf der Erde
bindest, wird auch im Himmel gebunden sein; was du löst, wird
auch im Himmel gelöst sein.«
Matthäus 16,18-19

Sein Name war Simon. Wenn man gesagt bekommt, dass
man ab jetzt Petrus heißen soll, kann das im ersten Moment
etwas überfordernd sein. Sein Bruder Andreas war schon länger dabei. Als Johannes, dessen Jünger er gewesen war, Jesus
als den Messias verkündete, war das der einzige Beweis, den
Andreas brauchte. Er war einer der ersten Jünger Jesu und er
war gut darin. Den Berichten zufolge war Andreas ausgegli-

chen, gebildet, gutmütig und umgänglich. Aber Simon? Eher weniger.

Simon Petrus war emotional. Als Jesus ihm die Füße waschen wollte, verweigerte Petrus diesen demütigen Dienst seines Meisters. Jesus sagte zu ihm: »*Wenn du dich nicht von mir bedienen lässt, hast du keine Gemeinschaft mit mir.‹ ›Herr‹, rief Petrus da, ›dann wasch mir nicht nur meine Füße. Wasch mir auch meine Hände und meinen Kopf!‹*« *(Johannes 13,8-9)*. Das reinste Gefühlschaos, wie so oft. Simon Petrus war impulsiv.

Als Soldaten Jesus verhafteten, zog Petrus sein Schwert und schlug damit einem Typen das Ohr ab. Das war wohl die denkbar schlechteste Reaktion angesichts der Tempelwache. Keine Ahnung, was hier sein Plan gewesen war. Manchmal hatte Simon Petrus auch Angst. Nach Jesu Verhaftung war seine ganze Angeberei mit dem abgeschlagenen Ohr verschwunden. Um nicht ebenfalls verhaftet zu werden, sagte er sogar, dass er Jesus gar nicht kennen würde – nicht nur einmal, sondern gleich dreimal, genau wie Jesus es ihm vorausgesagt hatte.

Sein unstetes Verhalten wirft die Frage auf, warum Jesus ihn Petrus nannte. Vor allem, wenn man bedenkt, dass der Name Petrus »Fels« bedeutet. Die Antwort? Jesus macht uns zu dem, was wir nicht sind.

Sehen wir uns den Petrus »vor Jesus« und den Petrus »nach Jesus« genauer an: Der Petrus »vor Jesus« wurde von Emotionen geleitet. Der Petrus »nach Jesus« wurde von seiner intensiven Liebe für Jesus bestimmt. Der Petrus »vor Jesus« war impulsiv. Der Petrus »nach Jesus« war stabil, doch die Zeiten waren es nicht. Das Christentum veränderte alles und die Verantwortung dafür erforderte die Fähigkeit, sich anzupassen, umzukehren und dem Heiligen Geist zu folgen. Der Petrus »vor Jesus« hatte Angst. Der Petrus »nach Jesus« hatte nur noch Angst davor, Jesus noch einmal den Rücken zu kehren, und war deshalb furchtlos allem anderen gegenüber.

Dieselbe Kraft, die den ungestümen Fischer veränderte, wirkt in allen Menschen, die glauben. Jesus nimmt uns so an, wie wir sind, aber er weiß, zu wem wir durch seine Kraft werden. Er macht uns zu dem, was wir noch nicht sind.

Gebetsfokus

Bitte Gott, dir Bereiche in deinem Leben zu zeigen, in denen du Veränderung nötig hast. Lass es nicht bewenden mit der Einstellung »So bin ich eben«. Bitte Gott, dir bei den Veränderungen zu helfen, die du nicht selbst herbeiführen kannst.

Die nächsten Schritte

- Welche sind deine größten Schwächen?
- Wie hat Gott dein Herz und deine Einstellung verändert?
- Schreib eine Schwäche auf, die du in eine Stärke verwandeln willst. Bete für Hilfe und arbeite daran.

Tag 16:
VERÄNDERUNG

»Nachdem Johannes gefangen genommen worden war, ging Jesus nach Galiläa und begann, den Menschen eine großartige Botschaft mitzuteilen: ›Die Zeit ist da! Gottes Herrschaft ist mitten unter euch. Ändert euer Denken, und vertraut auf das, was ich euch sage.‹«

Markus 1,14-15

Entgegen der weitverbreiteten Meinung ging es Jesus nicht in erster Linie darum, den Leuten Nächstenliebe beizubringen. Auch nicht, sie davon zu überzeugen, die andere Wange hinzuhalten, gastfreundlich zu sein oder den Armen zu helfen. Das sind alles gute Dinge, aber das stand nicht im Vordergrund. In erster Linie ging es ihm darum: Er war gekommen, um das Himmelreich zu verkünden – Gottes Herrschaft, jetzt und bis in alle Ewigkeit.

Wie hat er das angepackt? Ganz einfach, indem er dort ansetzte, wo sein Vorgänger aufhörte. Wie Johannes der Täufer befahl Jesus allen, die zuhörten, ihr bisheriges Denken zu ändern und ihm zu glauben. Mehr Regeln gab es nicht, damit niemand auf den Gedanken kam, Erlösung könne man sich verdienen. Jesus rief auf zu einer Umkehr des Herzens. Eine radikale innere Verwandlung war der Preis für den Zutritt in sein Königreich. Nicht mehr. Nicht weniger. Simon erkannte das, während einer katastrophalen Nacht beim Fischfang, der eine regelrechte »Bootsladung an Offenbarung« folgte (im wahrsten Sinne des Wortes).

Jesus wusste, dass Simon die ganze Nacht nichts gefangen hatte, und befahl ihm, noch einmal hinauszufahren und die Netze auszuwerfen (vgl. Lukas 5,4-5). Petrus willigte ein. Sobald die Netze im Wasser waren, füllten sie sich sofort mit Fischen. Es waren so viele, dass Simon und Andreas Hilfe von anderen Fischern brauchten, um die Menge zu bewältigen. Kurz darauf drohten beide Boote wegen der vielen Fische unterzugehen. Das war's. Der wundersame Fang zwang Simon vor Jesus auf die Knie und er sagte: »*Rabbi, geh weg von hier. Ich bin ein Sünder. Bitte geh du deiner Wege*« *(Lukas 4,8).* Genau das bewirken Wunder: Sie bezeugen Gottes Macht und decken menschliche Schwächen auf. Jesus sagte daraufhin zu ihm: »*Du brauchst keine Angst zu haben, Simon. Aber von jetzt an wirst du ein Menschenfischer sein*« *(Lukas 4,10).* Simon wurde von einem hinterfragenden zu einem überzeugten Menschen.

Er und die Männer zogen ihre Boote an Land, ließen alles zurück und gingen mit Jesus.

Es sollte nicht das letzte Mal sein, dass Simon mit seinen Schwächen konfrontiert wurde; das war ein immer wiederkehrendes Thema. Genau wie unser Glaube. Jesus schickte Simon immer wieder hinaus. Es gab noch mehr Menschen, die »gefischt« werden mussten, und Herzen, die Veränderung brauchten. Wegen seines reumütigen Herzens machte Simon dort weiter, wo sein Vorgänger aufhörte, und verkündete das Himmelreich – Gottes souveräne Herrschaft, jetzt und bis in alle Ewigkeit.

Gebetsfokus

Bitte Gott um eine neue himmlische Sichtweise auf so viele Angelegenheiten wie möglich. Beende das Gebet in Dankbarkeit für seine Vergebung.

Die nächsten Schritte

• Worauf konzentrierst du dich mehr: Jesu Aufforderung zur Nächstenliebe oder seinen Aufruf zum Glauben?

- Welches Ereignis in deinem Leben sorgte für eine radikale innere Verwandlung? Würdest du das als Wunder beschreiben?
- Reue fördert Demut und Hingabe. Was könntest du bereuen?

KOMM UND SIEH

»Am nächsten Tag brach Jesus auf, um nach Galiläa zu gehen.
Da begegnete ihm Philippus, den er einlud: ›Komm, folge mir!‹
[...] Philippus ging zu seinem Freund Nathanael. ›Wir haben den
gefunden, von dem Mose im Gesetz geschrieben hat und den die
Propheten angekündigt haben‹, erzählte er ihm begeistert. ›Es
ist Jesus, der Sohn von Josef aus Nazaret.‹ Nathanael war wenig
beeindruckt: ›Aus Nazaret?! Kann denn aus diesem Nest etwas
Gutes kommen?‹ Doch Philippus ließ sich nicht beirren: ›Komm und
sieh selbst.‹«
Johannes 1,43.45-46

Komm und sieh – was für eine interessante Strategie. Genau
wie Andreas und Petrus kannte Philippus denjenigen, den er
für den Messias hielt, kaum. Eigentlich wissen wir nur, dass
Jesus sagte: »Komm mit mir«, und dass Philippus daraufhin
plötzlich begann, überall von ihm zu erzählen. Aber warum

tat er das? Was geschah zwischen dem »Sehen« und dem »Folgen«?

Nathanaels erste Augenblicke mit Jesus geben uns einen kleinen Einblick: »*Als Jesus ihn kommen sah, sagte er: ›Das ist ein echter Israelit ohne jede Falschheit.‹ Nathanael wehrte ab: ›Wie kommst du auf die Idee? Du kennst mich doch gar nicht.‹ Jesus gab ihm zur Antwort: ›Bevor Philippus dich hierhergeholt hat, habe ich dich unter dem Feigenbaum gesehen.‹ Da rief Nathanael aus: ›Rabbi! Du bist der Sohn Gottes, der König von Israel‹*« (Johannes 1,47-49).

Jesus ging liebevoll mit Nathanael um. Nathanael machte sich über seinen Freund Philippus lustig und gleichzeitig wahrscheinlich über sich selbst wegen seiner eigenen Neugier, doch er blieb skeptisch gegenüber Jesus und war auch ein bisschen voreingenommen. Nazareth war eine sehr kleine Stadt und ihre Bewohner galten als ungebildet, rückständig und ungehobelt. In Nathanaels Augen konnte also niemand, der dort geboren und aufgewachsen war, der Messias sein, auf den sie warteten – und das brachte er ja auch zum Ausdruck. Umso interessanter und gütiger klingen die ersten Worte, die Jesus an ihn richtet. Anstatt zu sagen: »Sieh an, ein engstirniger und taktloser Israelit«, nannte Jesus ihn »aufrichtig« und nahm ihm damit den Wind aus den Segeln. Nathanael war jemand, der offen seine Meinung sagte und auch stolz darauf war. Er war sehr praktisch veranlagt und brauchte harte Fakten – doch woher wusste Jesus das, dieser Nazarener?

Jesus hatte Nathanael beobachtet, nicht nur, als er unter dem Baum saß. Dass Jesus wusste, wo Nathanael sich aufhielt, und seine Eigenheiten kannte (so unerlöst sie auch sein mochten), war wie ein Beweis dafür, dass Jesus übernatürlich war. Philippus' Komm-und-sieh-Strategie erwies sich als wirkungsvoll, weil Jesus selbst die Überzeugungsarbeit leistete. Wie er es immer tut.

»Jesus beschwichtigte ihn: ›Du vertraust mir einfach nur deshalb, weil ich dir gesagt habe, dass ich dich unter dem Feigenbaum sitzen sah? Du wirst noch ganz andere Dinge erleben!‹ Und an alle Übrigen gewandt, fügte er hinzu: ›Ihr werdet den Himmel offen und die Engel Gottes vor dem Menschensohn auf- und absteigen sehen‹« (Johannes 1,50-51).

Ich wette, Nathanaels 180-Grad-Wende brachte Jesus zum Schmunzeln. Bestimmt hatte er ein triumphierendes Grinsen in seinem Gesicht in dem Wissen über all die Zeichen und Wunder, die Nathanael ab jetzt täglich – und für den Rest seines Lebens – noch begegnen würden. Aber ja, die Sache mit dem Feigenbaum war schon ziemlich cool.

Gebetsfokus

Danke Gott dafür, dass er es dir ermöglicht, »zu kommen und zu sehen«, und bitte ihn um Wegweisung: Wem kann ich Jesus vorstellen und wie?

Die nächsten Schritte

- Schreib deine eigene »Komm-und-sieh-Geschichte« auf. Wie hast du Jesus kennengelernt? Wie hat er dein Denken über ihn und über die Wahrheit verändert?
- Was bedeutet »Komm und sieh« heute, wo Jesus nicht mehr physisch auf dieser Erde unterwegs ist?
- Wer in deinem Leben sollte Jesus kennenlernen? Bete für diese Person, geh dann auf sie zu und mach den Anfang. Vertrau darauf, dass Jesus den Rest übernimmt.

IMMANUEL

»Am Eingang standen sechs steinerne Wassergefäße, die man
für die rituellen Waschungen der Juden brauchte. Jedes von ihnen
fasste gut und gerne an die 100 Liter Wasser. Jesus trug nun den
Dienern auf: ›Füllt diese Gefäße mit Wasser!‹, was diese auch
sofort taten. Sie füllten sie bis zum Rand. ›Nun nehmt etwas davon,
und bringt es dem Mann, der für die Durchführung des Festes ver-
antwortlich ist‹, sagte Jesus weiter. Als dieser das Wasser probiert
hatte, das mittlerweile zu Wein geworden war (er wusste nicht,
was sich da eben ereignet hatte, während die Diener natürlich im
Bilde waren), ließ er den Bräutigam kommen und sagte ihm: ›Also
jeder, den ich kenne, setzt zuerst den besten Wein vor, und erst,
wenn die Gäste schon einiges getrunken haben, lässt er den billi-
geren Wein ausschenken. Aber Ihr habt den besten Wein bis jetzt
aufgehoben!‹ Mit sechshundert Litern besten Weines ein Hoch-
zeitsfest zu retten – das war das erste Zeichen, das Jesus setzte
und in dem seine Liebe zu den Menschen aufblitzte. Seine Jünger

hatten das alles miterlebt und sie fassten immer mehr Vertrauen
zu ihm.«
Johannes 2,6-11

Hier bahnte sich eine ernsthafte Krise an. Zur Zeit von Jesus
war Wein etwas, das zu jeder Mahlzeit serviert wurde. Natürlich durfte er auf keiner anständigen Feier fehlen. Doch auf
dieser Hochzeit war der Wein ausgegangen – eine echte Blamage für die Familie des Bräutigams, die das Fest ausgerichtet
hatte. Maria, die Mutter von Jesus, machte sich sofort auf, um
Jesus zu suchen und ihn darüber zu informieren.

Sie fragte ihn: »*Hast du gemerkt, dass sie keinen Wein
mehr haben?*« *(Johannes 2,3).* Ihre dringlichen Worte und was
sie damit sagen wollte, war klar – *Hilfe!* Niemand unter den
Anwesenden außer seiner Mutter hatte Grund zu glauben,
dass Jesus weiterhelfen könnte; er war genauso arm wie alle
anderen. Bis zu dem Moment war er einfach nur ein Gast, und
nichts unterschied ihn von den übrigen Gästen. Deshalb ist
sein erstes öffentliches Wirken, ausgelöst durch seine Mutter,
so etwas Besonderes (vgl. Johannes 2,5-11).

Die neuen Jünger schauten zu, wie Jesus die Bediensteten
anwies, riesige Gefäße mit Wasser zu füllen. Was für eine eigen-
artige, aber faszinierende Anweisung! Die Bediensteten taten,
was er ihnen gesagt hatte, und reichten auch dem Wirt ein Glas
Wasser, der anscheinend nichts von dem ganzen Schlamassel

wusste. Und irgendwann zwischen dem Einfüllen des Wassers und dem Ausschenken verwandelte sich das Wasser in Wein. Nicht in irgendeinen Fusel, sondern in erstklassigen Wein. Die Qualität des Weins brachte dem Gastgeber viel Anerkennung ein, da es üblich war, den billigen Wein zu servieren, wenn die Gäste zu betrunken waren, um das zu bemerken. Die Feier und der gute Ruf des Gastgebers waren gerettet.

Doch warum entschied sich Jesus unter all den Wundern, die er hätte vollbringen können, für eine Hochzeit, Wein und nur wenige Augenzeugen? Ganz einfach: weil er Immanuel ist – »*Gott ist mit uns*« *(Matthäus 1,23)*. Der Schauplatz seines ersten Wunders, die Not, die er sah (eine mögliche Blamage), und der Gehorsam seiner Mutter gegenüber stimmten überein mit seinem ganzen Leben: Er war durchschnittlich. Jesus wurde in einem Stall geboren, von einfachen Leuten aufgezogen und er arbeitete wie sein Vater als Zimmermann. Er besuchte die Schule und die Synagoge – und jetzt diese Feier –, denn Gottes Methode, die Welt zu retten, besteht darin, mitten in diese Welt hineinzugehen.

Die folgenden drei Jahre sahen die Jünger, wie Jesus außergewöhnliche Dinge in gewöhnlichen, alltäglichen Situationen tat. Sie waren dabei, wenn der Messias hungrig, fröhlich, müde, frustriert, wütend und – im Garten Gethsemane – verzweifelt war. Sie sahen, dass er die Armen genauso wie die Reichen liebte und wie er oft das Gewöhnliche, zum Beispiel Brote und

Fische, Schlamm, Wellen, Bäume und Gräber, dazu nutzte, um seine himmlische Herrlichkeit zu zeigen. Sie lernten, echten Menschen mit echten Problemen zu dienen, sie bedingungslos zu lieben, das Evangelium unabhängig von den jeweiligen Umständen zu predigen, Wunder zu vollbringen und bis in den Tod gehorsam zu sein. Und währenddessen folgten sie seinem Weg, denn sie glaubten an den einen, der mit ihnen war: Immanuel – Gott ist mit uns.

»Das Wort wurde Mensch und es wohnte mitten unter uns. Wir haben seine Herrlichkeit mit eigenen Augen gesehen, die Herrlichkeit, die er als Sohn des Vaters besitzt und die ihn eins macht mit ihm. Ja, wir haben seine Gnade erfahren und wissen, dass er die Wahrheit selbst ist« (Johannes 1,14).

Gebetsfokus

Danke Gott für Immanuel und bitte ihn um Hilfe dabei, das Außergewöhnliche im Gewöhnlichen zu finden.

Die nächsten Schritte

- Was ist in deiner aktuellen Situation am schwierigsten für dich?

- Wie sollte sich das Wissen, dass Gott bei dir ist, auf die Bewältigung dieser Situation auswirken?
- Die Bediensteten auf der Hochzeit mussten erst Wasser schöpfen, bevor sie miterlebten, dass es sich in Wein verwandelte. Welche Wege kannst du in dem Vertrauen gehen, dass Gott bei dir ist?

SORGEN

»Unterstellt euer Leben seiner liebevollen Herrschaft, alles andere überlasst seiner väterlichen Sorge. Ihr werdet herausfinden, dass an alle eure täglichen Bedürfnisse gedacht ist. Darum braucht und sollt ihr euch keine Sorgen machen. Es reichen schon die großen und kleinen Probleme, die ihr tagtäglich zu bewältigen habt.«
Matthäus 6,33-34

Probleme. Jeder Tag hält einige von ihnen parat und morgen werden neue dazukommen. Es fiel den Jüngern leicht, diesen Teil der Predigt zu verstehen. Da war die Aufforderung, sich keine Sorgen zu machen, schon schwieriger. Während der ganzen Zeit, die sie mit Jesus verbrachten, waren sie damit beschäftigt, seinen Sieg über jede Art von Problem zu begreifen.

Jesus hätte sein Wirken mit einem Wunder der Kategorie »Teilen des Roten Meeres« beginnen können, entschied sich stattdessen aber für etwas Einfacheres und verwandelte Wasser in Wein, weil dieser ausgegangen war. Also ein relativ kleines

Problem, das er lösen konnte. Seine Mutter war in Sorge um das Ansehen der Gastgeber und wollte, dass er einschritt, und das tat er. Bei einer Party offenbarte Jesus seinen Jüngern zum ersten Mal seine Herrlichkeit – das war die öffentliche Premiere seines Triumphs über Probleme. Damit zeigte er, dass nichts zu unbedeutend für ihn ist. Jede Notlage bietet die Möglichkeit für göttliches Eingreifen und die Fortführung der Party.

Auch wir neigen dazu, uns um kleine und große Probleme Sorgen zu machen. Jesus kümmert sich um jedes einzelne davon, vor allem wegen der Chancen, die sich daraus ergeben – aber wir müssen auch unseren Teil dazu beitragen. Wie Maria müssen wir ihn um seine Hilfe bitten, selbst in scheinbar kleinen Angelegenheiten. Lesen wir nur Bibelverse, die uns auffordern, uns nicht zu sorgen, machen wir uns nur noch mehr Sorgen, weil wir nicht damit aufhören können, uns zu sorgen. Suchen und bitten wir stattdessen lieber Jesus, damit er sich als Sieger erweisen kann.

Vielleicht ist das der Grund, warum Jesus die Bitte seiner Mutter erfüllte. Die Einfachheit der Bitte repräsentiert so viele Prinzipien des Himmelreichs. Es erfordert beispielsweise Glauben, unsere Sorgen abzugeben und sie einzutauschen gegen die Suche nach dem Reich Gottes und das Vertrauen auf Jesus. Wenn wir das tun, beginnt er für uns zu arbeiten. Natürlich ist damit nicht unbedingt gemeint, dass er Wasser in Wein verwandelt, aber er ermöglicht immer das geistliche Gegenstück zu unserem Problem: Er wendet alle Dinge zum Guten für die, die ihn lieben (vgl. Römer 8,28).

Vertrau ihm in den kleinen Dingen und er wird immer wieder beweisen, dass du ihm in allem vertrauen kannst. Und mach dir keine Sorgen darüber, ob du es schaffst, die Sorgen abzustellen. Du schaffst es nicht. Das ist der Punkt. Deine Aufgabe ist es, Jesus und seine Gerechtigkeit zu suchen. Seine Antwort wird dir noch mehr von seiner Herrlichkeit zeigen, und das Ergebnis wird dein erfrischter und gestärkter Glaube sein. Und auf wundervolle Art und Weise auch weniger Sorgen.

Gebetsfokus

Bitte Gott darum, deine Ängste und Erwartungen so zu korrigieren, sodass du Schwierigkeiten durch seine Augen betrachten kannst – nämlich als Chancen.

Die nächsten Schritte

- Kämpfst du mit Ängsten? Worüber machst du dir die meisten Sorgen und warum?
- Jesus nutzte eine alltägliche Situation, um seine Herrlichkeit zu offenbaren. Beschreibe ein Ereignis deines Lebens,

durch das er dir seine Herrlichkeit zeigte und das deinen Glauben stärkte.

- Bittest du Jesus um Hilfe in den scheinbar kleinen Dingen? Warum oder warum nicht?

VERTRAUEN

»Verlass dich nicht auf deinen eigenen Verstand, sondern vertraue voll und ganz dem HERRN! Denke bei jedem Schritt an ihn; er zeigt dir den richtigen Weg und krönt dein Handeln mit Erfolg.«
Sprüche 3,5-6

Matthäus war ein Typ, den man leicht hätte hassen können, denn er war ein geldgieriger Steuerpächter. Im Auftrag des Römischen Reichs zogen er und seine Kameraden ihren jüdischen Mitbürgern weit mehr Geld aus der Tasche, als sie es der Regierung schuldig waren. Und Matthäus fand das vollkommen in Ordnung so. Das korrupte System kam ihm zugute.

Für Matthäus gab es niemand Wichtigeren als sich selbst und er übertraf dabei alles, wovor Salomo warnte: *»Versuche nicht, mit aller Gewalt reich zu werden; sei klug genug, darauf zu verzichten!«* (Sprüche 23,4). Matthäus versuchte mit allen Mitteln reich zu werden und verließ sich dabei auf seine Cleverness. Die Reaktion von Matthäus »vor Jesus« wäre bestimmt so gewesen: »Hey, Mann, was soll's? Wenn du dich für irgendwas abrackern würdest, dann doch auch, um reich zu werden. Und außerdem: Auf wen sollte ich mich in dieser Welt verlassen können, wenn nicht auf mich selbst?« Alles klar, Matthäus, wir haben verstanden, ist gut.

Das entspricht leider genau der selbstsüchtigen Erfolg-um-jeden-Preis- und Folge-deiner-eigenen-Wahrheit-Einstellung, die unsere Welt bestimmt. Unsere Konsumgesellschaft beruht darauf. Klar sind tolle Geschichten à la »Vom Tellerwäscher zum Millionär« irgendwie beeindruckend. Auch wenn dieser Reichtum durch fiese, egoistische, kranke, gierige Mittel erreicht wird ... Na ja, lassen wir das. Der Wunsch, ganz oben zu stehen, ist wie eine elektromagnetische Kraft. Und sie kann jeden von uns packen wie einen Nagel, der von einem starken Magneten angezogen wird. Jetzt stell dir vor, was es braucht, um diese starke Anziehung aufzuheben, wenn man erst einmal von ihr ergriffen wurde.

Was könnte dich dazu bewegen, dich bewusst vom Geld abzuwenden und die Kontrolle abzugeben? Wahrscheinlich nur die dramatischste, von allen unerwartete Wendung. Für Matthäus kam diese Wendung in Form von zwei einfachen und doch tief greifenden Worten: *»Darauf verließ Jesus das Haus und sah einem Mann zu, der vor seinem Zollhaus saß und Steuern eintrieb. Sein Name war Levi. Jesus sagte zu ihm:*

›Komm, geh mit mir.‹ Und er tat es – er ließ alles stehen und liegen und ging mit Jesus« (Lukas 5,27-28).

Das hier war keine zufällige Begegnung. In einem einzigen Moment ging Matthäus' Bedürfnis nach noch mehr Besitz in Rauch auf, weil er dem Schöpfer des Lebens persönlich begegnete. Der ganze Kram von »Glaub an dich« und »Folge deiner eigenen Wahrheit« verschwand in dem Moment, als seine Augen der Wahrheit ins Gesicht sahen und er dazu aufgerufen wurde, dieser ultimativen Kraft zu folgen: dem Wunsch, Gott kennenzulernen und ihn mit aller Kraft zu lieben. Matthäus – dieser unangenehme, gerissene, habgierige Steuerpächter – begegnete purer Liebe und sie veränderte ihn sofort. Radikal. Alles klar, Matthäus, wir haben verstanden.

Das ist genau die Einstellung, nach der unser himmlischer Vater verrückt ist: »Koste es, was es wolle!«, aber auf Christus bezogen. So sehr, dass er für jeden von uns eine solche unerwartete Wendung arrangiert, auf die wir reagieren müssen.

Auch wir müssen uns entscheiden. Gott sehnt sich danach, unsere krummen Wege gerade zu biegen (vgl. Lukas 3,5) und für uns die beste Vom-Tellerwäscher-zum Millionär-Geschichte zu schreiben. Manchmal beinhaltet das, unsere irdischen Reichtümer vorübergehend einzutauschen. Für Matthäus war das vollkommen in Ordnung. Er erkannte, wie viel besser dieses erlösende System für ihn war. Witzig, denn für ihn gab's jetzt nur noch Jesus.

Gebetsfokus

Danke Gott, dass er dich gebeten hat, ihm zu folgen. Bekenne die Situationen, in denen du dich nur auf deine eigenen Fähigkeiten verlassen hast, und bitte ihn, dir Bereiche zu zeigen, in denen du dich an ihn wenden darfst.

Die nächsten Schritte

- In welchen Bereichen deines Lebens vertraust du auf deine eigene Klugheit?
- Mal ehrlich: Identifizierst du dich eher mit dem Matthäus »vor Jesus« oder dem Jünger Matthäus?
- Welche waren die dramatischsten Kehrtwenden, die Gott in deinem Leben arrangiert hat?

NÜTZLICH

»Wenn ihr als Gemeinde wirklich ein Gefäß sein wollt, das dem Herrn Ehre macht, dann müsst ihr euch von den schmutzigen Töpfen trennen. Nur so könnt ihr wirklich zu einem Gefäß werden, mit dem er arbeiten kann und das für jedes gute Werk vorbereitet ist.«
2. Timotheus 2,21

Ein Gefäß (etwa ein Wasserkrug) ist dazu gemacht, etwas aufzunehmen. Ein Werkzeug (zum Beispiel eine Gabel oder ein Messer) ist dafür vorgesehen, etwas zu bewerkstelligen. Wenn wir Gott gefallen wollen, müssen wir wie ein Gefäß werden, mit dem er arbeiten kann (vgl. 2. Timotheus 2,21). Als Nachfolger von Jesus sind wir aufgerufen, Gutes zu tun. Wir werden nie als einfache Werkzeuge bezeichnet; vielmehr sind wir auserwählte Gefäße. Wir sollten also mehr etwas *enthalten* als etwas *tun*.

Natürlich wirft das die Frage auf, was wir als Gefäße denn eigentlich enthalten sollen. So offensichtlich die Antwort auch sein mag – sie ist es häufig nicht. In der Bibel wird immer wieder gesagt, dass wir Menschen Gefäße sind, die dazu geschaffen wurden, um etwas zu enthalten ... nämlich Gott. Doch wir orientieren uns oft an der Frage nach dem Nutzen des Einzelnen und beurteilen andere Menschen nach dem, was sie leisten.

Nehmen wir zum Beispiel Matthäus und warum er als Jünger ausgewählt wurde: Sein Talent, das Kassenbuch für die Römer zu führen und gleichzeitig einen Haufen Geld für sich selbst abzuzwacken, stellte sein ausgeprägtes Geschick im Umgang mit der Buchhaltung unter Beweis. Check. Außerdem konnte er lesen und schreiben, eine Kompetenz, die später beim Aufschreiben des Evangeliums nützlich sein würde. Check. Von seiner Persönlichkeit her war Matthäus nicht zu schüchtern, um in der Öffentlichkeit zu sprechen. Check. Er war nicht zu ängstlich oder zu zaghaft für seinen Job als Steuerpächter. Seine hartnäckige Arbeitswut sollte sich später als besonders nützlich erweisen, als es darum ging, den Missionsauftrag zu erfüllen. Check. Check. Check. Alles korrekt. Aber das ist die menschliche Logik!

Als Jesus Matthäus in seinem Zollhäuschen sitzen sah, dachte er nicht: »Oh, wunderbar! Mir fehlt noch ein durchsetzungsfähiger Typ, der gut mit Zahlen umgehen kann.« Er hat sein Team nicht nach deren Lebensläufen, Kernkompetenzen oder Persönlichkeitstestergebnissen zusammengestellt. Nein, ihre bisherigen Leistungen waren sogar eher nutzlos – als es darum ging, fünftausend Menschen zum Abendessen mit Fischen zu versorgen beispielsweise, hatten die Fischer überhaupt nichts beigetragen.

Jesus brauchte keine Fähigkeiten. Er wollte Verfügbarkeit. Matthäus wurde nicht auserwählt anhand dessen, was er konnte. Er wurde berufen, weil er bereit dazu war, alles aufzugeben. Er beschloss, Jesus beim Wort zu nehmen, der sagte: *»Oft soll ich euch nur zur eigenen Selbstverwirklichung dienen, doch genau dann werdet ihr weder mich noch euch selbst finden. Doch wenn ihr euch einfach vergesst und auf mich schaut, werdet ihr beides finden: euch selbst und mich«* (Matthäus 10,39).

Und Matthäus fand beides. Er trennte sich von seinem ganzen Kram, übergab die Schlüssel und räumte das Gebäude. Er wurde zu einem wundervollen Gefäß, nützlich für den Meister und bereit für jedes gute Werk. Ein Gefäß, das dazu geschaffen war, Gott zu enthalten. Und genau das tat er.

Gebetsfokus

Danke Gott, dass er dich nicht für das schätzt, was du tust. Bitte ihn darum, dir zu zeigen, was du für ihn tun kannst.

Die nächsten Schritte

- An welchen Punkten konzentrierst du dich mehr darauf, was du tun kannst, als auf den Geist in dir?
- Fällt dir eine Person ein, die du mehr für das schätzt, was sie kann, als dafür, wer sie in Jesus ist?
- Wie kannst du dich Gott noch mehr zur Verfügung stellen?

IHR ALLE

»Da wandten sich die Pharisäer und die Schriftgelehrten an seine
Jünger und machten ihnen Vorhaltungen: ›Sagt mal, was macht ihr
denn da, ihr esst und trinkt ja mit regelrechtem Gesindel?!‹ Jesus
bekam diese Vorwürfe mit, deshalb sprach er seine Kritiker direkt
an: ›Wer braucht denn nun den Arzt: der Gesunde oder der Kranke?
Ich bin nicht gekommen, um Fromme noch frommer zu machen,
sondern um Menschen, die weit von Gott entfernt sind, in seine
Nähe zu bringen.‹«
Lukas 5,30-32

Nicht Jesus beschimpfen, sondern seine Jünger – was für ein
passiv-aggressives Verhalten der Pharisäer und Schriftgelehrten. Sie hatten die rechtliche Autorität (und die entsprechen-
den Persönlichkeiten), um Jesus zurechtzuweisen; stattdessen
richteten sie ihre Vorwürfe an seine Freunde. Und ich wette,
diese in ihren Augen unfeine Essensgemeinschaft hatte keine
Ahnung, wie sie darauf reagieren sollte.

Alles war noch so neu: Sie hatten Jesus gerade erst kennengelernt, und obwohl sie glaubten, dass er der lang erwartete Messias sein könnte, waren sie sich doch nicht ganz sicher. Außerdem waren sie tatsächlich mit Menschen zusammen, die von der Gesellschaft am meisten verachtet wurden – zu denen einige von ihnen selbst gehörten. Sicherlich hatte jeder, der am Tisch saß, sich genau diese Frage der Pharisäer schon selbst gestellt.

Ich wette, alle warteten gespannt auf die Reaktion von Jesus. Er war plötzlich allseits bekannt geworden. Leute kamen aus Galiläa, Judäa und Jerusalem, um ihn predigen zu hören und heilen zu sehen.

Zweifellos vermuteten die Religionsführer, dass er eine beeindruckende Erscheinung sei – und dass er aussehen und sich benehmen würde wie sie selbst; eben wie jemand, der den Vorstellungen entsprach, die sie sich anhand der Berichte gemacht hatten.

Das Gegenteil war der Fall. Sie fanden einen gewöhnlich aussehenden Typen vor, der sich mit normalen Menschen abgab und so normale Dinge tat wie essen – wenn er nicht gerade Dämonen austrieb und Blinde sehend machte. Jesus saß mit ihnen am Tisch (vgl. Lukas 5,29). Er war entspannt und unterhielt sich ausgelassen mit den Leuten um ihn herum, um sie besser kennenzulernen, als plötzlich die Pharisäer uneingeladen im Haus von Matthäus auftauchten.

Ich frage mich, ob sie an der Tür klingelten, bevor sie hereinplatzten. Ich frage mich, ob sie flüsternd in der Ecke standen wie pubertäre Mädchen. Ich frage mich, ob sie lauthals herummeckerten und so taten, als könne Jesus sie aus einem Meter Entfernung nicht hören. Ich frage mich, ob sie sich zuvor bestimmte Fragen ausgedacht hatten, dann aber entschieden, andere Dinge zu sagen, als sie Jesus mit dem Gesindel sahen. Ich frage mich, ob sich überhaupt jemand am Tisch durch ihre Frage angegriffen fühlte oder ob sie es einfach schon gewohnt waren, gehasst und verurteilt zu werden. Ich überlege, ob Jesus durch die Frage der Pharisäer noch mehr Zuneigung für seine Gäste empfand. Seine Antwort deutet das an: »Ich höre eure passiv-aggressive, indirekte Frage und ärgere euch mit einer ebenso indirekten Aussage: Ich rufe Sünder zur Umkehr auf und keine Rechtschaffenen.«

Hm. Seine Antwort brachte die Pharisäer zum Schweigen (worüber sich die Anwesenden sicherlich freuten). Ich glaube, so können wir die Bedeutung von Römer 3,10-12 verstehen: »*Es gibt nicht einen, der von sich aus vor Gott bestehen könnte, nicht einen. Keiner ist einsichtig, keiner sucht wirklich von ganzem Herzen nach Gott. Alle sind wir von den Wegen Gottes abgewichen; Gott konnte uns zu nichts gebrauchen.*«

Eine direktere Antwort hätte vielleicht so ausgesehen: »Ich bin mit den Menschen zusammen, die wissen, dass sie mich brauchen. Ich verbringe keine Zeit mit denjenigen, die zu selbstgerecht sind, um zu erkennen, dass sie mich brauchen. Aber ihr braucht mich. Ihr alle braucht mich dringend.«

Gebetsfokus

Danke Gott dafür, dass er dein Herz heilen und dir deine Schuld vergeben will. Bitte ihn darum, dir dasselbe weiche Herz gegenüber den »Kranken« zu schenken, wie Jesus es hatte.

Die nächsten Schritte

- In welchen Bereichen deines Lebens benötigst du einen »Arzt«?
- Gibt es Situationen, in denen du wie die Pharisäer gehandelt hast?
- Wer, den du kennst, wäre in den Augen der Pharisäer nicht »gesund«, und kannst du diese Person so behandeln, wie Jesus den »Kranken« begegnet ist?

Tag 23:
BEZIEHUNG

»Während Jesus sich anlässlich des Passahfestes in Jerusalem aufhielt, kamen viele Menschen zu der Überzeugung, dass er ein großer Prophet oder sogar der Messias sein könnte, weil sie all die Zeichen und Wunder sahen, die er vollbrachte. Doch Jesus hielt sich diesen Menschen gegenüber sehr zurück. Er kannte sie in- und auswendig und wusste, wie wenig nötig war, damit ihre Meinung wieder umschwenken würde. Ihm musste niemand sagen, wie es in den Menschen aussah.«
Johannes 2,23-25

Vom ersten Atemzug Adams an hat Gott zugeschaut. Jede Entscheidung, jeden Gedanken, jedes Motiv für jede Handlung – kannst du dir vorstellen, was er alles gesehen hat? Klar, da gab es Momente der Güte, Gerechtigkeit und Liebe; viele davon werden in der Bibel genannt und wurden von Gott belohnt. Doch das Böse überwiegt so oft das Gute. Schau dir einmal die heutigen Schlagzeilen an, multipliziere das Negative mit

Unendlich und dann beginnst du zu begreifen, wie armselig und sündhaft der Mensch ist.

Jesus hat in Jerusalem Großartiges getan und die Menschen bewunderten ihn. Sie folgten ihm überallhin und hörten seinen Predigten zu, sicherlich angetrieben von den Wundern, die sie miterlebten. Mit anderen Worten: Solange es etwas zu sehen gab, wollten die Leute bleiben. Aber die bloße Anwesenheit, das Staunen, die emotionale Betroffenheit und sogar der Glaube an das Übernatürliche führen nicht immer zu einer Beziehung mit Jesus. So wie in diesem Fall:

»Als Jesus auf dem Weg nach Jerusalem war, zog er auch durch Samaria und Galiläa. Da traf er in einem Dorf zehn Männer, die alle Aussatz hatten. Sie hielten die vorgeschriebene Entfernung zu den Gesunden ein, riefen aber mit lauter Stimme: ›Jesus, Meister, hab Erbarmen mit uns!‹ Jesus blickte zu ihnen hinüber und sagte: ›Geht und zeigt euch den Priestern.‹ Sie gingen los, und noch während sie unterwegs waren, wurden sie vom Aussatz befreit. Nachdem er gemerkt hatte, dass er geheilt war, kehrte einer von ihnen auf der Stelle um und warf sich Jesus zu Füßen. Lauthals dankte er Jesus überschwänglich und pries Gott für die Gnade, wieder gesund zu sein. Dieser Mann war ausgerechnet ein Samariter. Jesus schüttelte den Kopf: ›Wurden nicht zehn geheilt? Wo sind denn die übrigen neun? Wollte denn kein anderer zurückkommen und Gott die Ehre geben außer diesem Fremden?‹ Dann wandte *er sich an den Mann: ›Steh auf und mach dich auf den Weg. Dein Glaube hat dich geheilt und gerettet‹« (Lukas 17,11-19).*

Die Aussätzigen nannten ihn Meister und baten um Erbarmen. Und Jesus kam ihnen entgegen. Er schickte sie zu den Priestern, denn per Gesetz mussten Aussätzige für gesund erklärt werden, um wieder Teil der Gesellschaft sein zu können. Sie gehorchten, gingen fort und auf ihrem Weg wurden sie auf wundersame Weise geheilt. Als sie bei der Synagoge ankamen, erklärten die Priester sie tatsächlich für gesund. Danach rannten wahrscheinlich die meisten von ihnen nach Hause zu ihren Familien und Freunden und führten dann ihr Leben fort. Nur einer der zehn kam zurück, um Jesus zu danken. Warum? Jesus stellte dieselbe Frage, jedoch eine rhetorische Frage, denn er wusste genau, was in dem Mann vorging. Er hatte ihn ja von Anfang an gesehen.

Viel zu häufig wollen Menschen nur die Vorteile einer Beziehung mit Jesus ohne die eigentliche Beziehung. Das Gute nehmen sie mit, solange alles gut läuft, und beten erst dann, wenn es nicht so gut läuft. Sie gehen in die Kirche, aber nur an Feiertagen. Sie wollen die Zusicherung des Himmels, während sie sich nur auf diese Welt konzentrieren. Sie haben eine Irgendwann-Mentalität nach dem Motto: »Ich werde mich an Jesus wenden, wenn ich älter bin; wenn ich mit dem Leben durch bin, wie ich mir das vorgestellt habe.«

Leider ist unser Leben nach menschlichen Vorstellungen voller Sünde. Jesus hält Ausschau nach Menschen, die bereit sind, zu ihm zu kommen, vor ihm niederzuknien, umzudenken, sich an ihn hinzugeben und ihn anzubeten für den, der er ist; Menschen, die bereit sind, im Glauben zu wachsen, der auch dann noch da ist, wenn keine Wunder passieren.

Jesus kennt das Herz von uns Menschen – das ist der Grund, warum er zu uns kam. Aufrichtig Gläubige sind nicht nur wegen der Wunder dabei; sie sind grundlegend und unwiderruflich von Jesus selbst verändert worden und erleben die Beziehung mit ihm als höchsten Lohn.

Gebetsfokus

Danke Gott für die Beziehung, die er dir anbietet. Bitte ihn darum, sich nicht von dir abzuwenden, sodass du ihm so oft wie möglich nahe sein kannst.

Die nächsten Schritte

- Gab es in deinem Leben eine Zeit, in der die Beziehung zu Jesus hintanstand? Ist das vielleicht momentan der Fall?

- Welche wundervollen Veränderungen hat Jesus in deinem Herzen vollbracht, seit du begonnen hast, ihm nachzufolgen?
- Wie kannst du in Zukunft Veränderungen im Herzen über äußere Veränderungen stellen?

REIN

»Eines Tages begegneten sie einem Mann, dessen Körper völlig mit Aussatz bedeckt war. Als er Jesus sah, warf er sich vor ihm nieder und flehte ihn an: ›Wenn du willst, kannst du mich rein machen.‹«
Lukas 5,12

Schon zur Zeit Jesu war Lepra eine schlimme Krankheit, für die es damals noch keine Heilung gab. Lepra verursacht am ganzen Körper Geschwülste und Knoten. Mit der Zeit entwickeln sich Nervenschäden, sodass die erkrankten Menschen das Gefühl in Händen und Füßen verlieren. Dadurch entstandene Wunden können sich infizieren. Wenn sie nicht behandelt werden, führt das häufig zum Verlust der Gliedmaßen.

Wegen der schweren Behinderungen konnten die Leprakranken ihre tägliche Arbeit nicht mehr verrichten, was aber lebensnotwendig für sie war. Diejenigen, bei denen der Verdacht auf die Krankheit bestand, mussten sich bei einem Priester vorstellen, der ihren Zustand beurteilte und sie als rein oder unrein einstufte. Unrein bedeutete, dass man so gut wie tot war und verbannt wurde, um zu verhindern, dass sich die Krankheit weiter ausbreitete. Leprakranke wurden gezwungen, abseits der Gesellschaft in Zelten oder Höhlen in der Wildnis zu hausen. Sie trugen Glocken, um andere Menschen zu warnen, und mussten laut »Unrein! Unrein!« rufen, sobald sich ihnen jemand näherte. Verstoßen aus ihrem Zuhause, von Familien, Freunden und herausgerissen aus ihrem Leben, bestand ihre einzige Hoffnung, dieses Elend bald hinter sich zu lassen, im Tod. Da kam Jesus ins Spiel.

Die Nachrichten über den predigenden Heiler verbreiteten sich wie ein Lauffeuer – sogar bis in die Leprasiedlungen. Lukas beschreibt, dass ein Kranker in fortgeschrittenem Stadium sich Jesus näherte. Das bedeutet, dass er schon seit einer ganzen Weile an Lepra erkrankt war und körperlich und emotional die Hölle erlebte. Doch er hatte wohl noch einen Funken Hoffnung, der ihn ermutigte, das Gesetz zu brechen und sich vor Jesus auf die Knie zu werfen. Vielleicht hatte er vor seiner Erkrankung die Thora studiert und kannte die Prophezeiungen über den kommenden Messias, wie zum Beispiel in Jesaja 61,1: »*Der Geist Gottes, des Herrn, ruht auf mir, denn der Herr hat mich gesalbt, um den Armen eine gute Botschaft zu verkünden. Er hat mich gesandt, um die zu heilen, die ein gebrochenes Herz haben, und zu verkündigen, dass die Gefangenen freigelassen und die Gefesselten befreit werden.*«

Gesunde Juden sehnten sich nach einem Messias, der sie von der römischen Besatzung und den hohen Steuern befreien sollte – sie glaubten, dass »Freiheit für die Gefangenen« bedeutete, Freiheit von den Römern zu erlangen. Trotz der Besatzung durften sie nach der Arbeit nach Hause gehen, am eigenen Tisch essen und ihre Kinder aufwachsen sehen. Aber dieser gebrochene Mann, der draußen in der Isolation lebte, war ein Gefangener in seinem eigenen Körper. Möglicherweise hatte er begonnen zu verstehen, was die Prophezeiungen eigentlich bedeuteten – dass die Absicht des Messias viel persönlicher war, als es bisher jemand ahnte.

Was auch immer der Mann schon erlebt hatte, etwas trieb ihn an, sich über das Gesetz hinwegzusetzen, das vorschrieb, sich abseitszuhalten. Etwas in ihm trieb ihn vorbei an der Mauer des Unglaubens, jemals geheilt werden zu können, vorbei an der Angst, dass der Prediger ihn ebenfalls meiden würde: *»Wenn du willst, kannst du mich rein machen.‹ Jesus streckte seine Hand aus, berührte ihn und sagte zu ihm: ›Ich will es, sei rein!‹ Auf der Stelle wurde die Haut des Mannes glatt, der Aussatz war verschwunden«* (Lukas 5,12-13).

Der schönste Teil dieser Geschichte ist nicht die Heilung, die stattfand, obwohl sie überwältigend war. Es ist auch nicht der Glaube des Mannes, obwohl er für uns ein Vorbild ist. Der schönste Teil ist der, als Jesus seine Hand ausstreckt und den Mann berührt. Denn Jesus hätte auch einfach nur Worte der Heilung sprechen können, doch er beugt sich hinab und berührt einen Mann, den seit sehr langer Zeit niemand mehr anfassen wollte. Er berührte ihn, bevor er rein war. Und während die Worte Jesu den Körper des Mannes heilten, heilte Jesu Berührung seine Seele.

Gebetsfokus

Das heutige Kapitel erinnert uns daran, warum unsere Gebete auch unsere Dankbarkeit zum Ausdruck bringen sollten. Danke Gott, dass er dich rein macht. Bitte Gott um ein Herz für die Unreinen.

Die nächsten Schritte

- Wo brauchst du die heilende Berührung Jesu?
- Was hält dich von einem mutigen Glauben zurück, so wie ihn der Leprakranke hatte?
- Wie kannst du mit den Menschen in deinem Leben umgehen, die in irgendeiner Weise ausgestoßen sind, so wie Jesus es tat?

STEH AUF

»Nach einigen Tagen kehrte Jesus nach Kafarnaum zurück, und sofort machte die Nachricht die Runde, dass er wieder zu Hause sei. Da versammelte sich erneut der halbe Ort. Die Leute drängten so sehr in den Eingang des Hauses hinein, dass man weder hinein- noch hinauskonnte. Während Jesus predigte, wollten vier Männer einen Gelähmten zu ihm bringen. Doch sie kamen wegen der Menschenmenge überhaupt nicht in das Haus hinein.
Da stiegen sie auf das Dach des Hauses, deckten es ein Stück ab und ließen dann den Gelähmten auf seiner Bahre durch das Loch hinab. Jesus war von ihrem starken Glauben zwar beeindruckt, sagte dann aber etwas völlig Unerwartetes zu dem Gelähmten: ›Mein Sohn, deine Sünden sind dir vergeben.‹«
Markus 2,1-5

Was für eine verrückte Situation. Es hatten sich so viele Menschen um das Haus versammelt, in dem Jesus sich befand, dass später Eingetroffene nicht ins Haus kamen, geschweige denn geheilt wurden. Ein Gelähmter lag auf einer Trage, doch die Leute wollten nicht den Weg für ihn frei machen – nicht einmal, als sie sahen, wie Männer seine Trage mühsam aufs Dach hievten. So rücksichtslos ging es dort zu. Als die Männer endlich oben waren, begannen sie, das Dach abzudecken.

Lass uns einen Blick ins Haus werfen. Menschen umlagerten Jesus, während er predigte und heilte, sie wurden aber von den Geräuschen über ihren Köpfen gestört. Dann rieselte der Putz von der Decke und fiel wohl auch auf die Köpfe einiger Leute im Raum – aber es funktionierte. Jesus war vom Glauben der Männer, die solche Hürden überwanden, so bewegt, dass er dem Gelähmten seine Sünden vergab.

Moment, Moment! Ähm, danke, Jesus, aber als wir beschlossen, die Mauern dieses Hauses zu erklimmen, hofften wir auf ein richtiges Wunder ... So etwas wie »Steh auf und geh«. So läuft das doch normalerweise. Wir wenden uns an Jesus mit unseren eigenen Vorstellungen, was er für uns tun sollte, und sind dann enttäuscht, wenn nicht das passiert, was in der Bibel steht. Dabei ist es oft so, dass Jesus im Unerwarteten seine größten Taten vollbringt.

»Einige Schriftgelehrte, die in unmittelbarer Nähe saßen, fühlten sich theologisch herausgefordert: ›So etwas kann der doch nicht sagen! Das ist ja Gotteslästerung! Gott und nur Gott allein kann Sünden vergeben!‹ Jesus wusste nur zu gut, was sie dachten, darum fragte er: ›Warum könnt ihr euch auf nichts *einlassen? Was ist einfacher: zu dem Gelähmten zu sagen: „Ich vergebe dir deine Sünden", oder ihn aufzufordern: „Steh auf, nimm deine Liege und geh hier herum"? Begreift doch, dass ich die Vollmacht habe, das eine wie das andere zu tun.‹ Damit wandte er sich wieder dem Gelähmten zu: ›Steh auf, nimm deine Liege und geh nach Hause!‹ Und der Mann tat es: Er stand auf, rollte seine Liege zusammen und ging hinaus – vor den Augen aller. Die Menge schwankte zwischen Entsetzen und Verwunderung – doch dann lobte sie Gott. Alle gaben zu: ›Wir haben noch nie etwas Derartiges erlebt!‹« (Markus 2,6-12).*

Jesus war gekommen, um Seelen zu retten. Die Heilung von Kranken diente als Beweis, dass er die Macht hatte, sie zu retten. Aber das war nicht seine eigentliche Mission. Heilung offenbarte sein Mitgefühl, seine Liebe und seinen Wunsch, uns zu erneuern, aber sie trat zurück hinter seiner eigentlichen Absicht: verlorene Seelen zu retten und zu erwecken.

Natürlich konnte Jesus den aufrichtigen Glauben der Männer auf dem Dach erkennen, ebenso wie den Unglauben der Menschenmenge im Raum. Er entlarvte ihre Gedanken – ebenfalls ein Wunder – und erklärte seine Macht, sowohl zu heilen als auch zu vergeben. Weil Vergebung notwendig ist, um die Beziehung zu Gott wiederherzustellen und in Ewigkeit bei ihm zu sein, bot Jesus etwas noch viel Besseres als Heilung an.

Für den Mann, der durch das Dach in den Raum gelangte, war seine Heilung hoffentlich der Anfang eines Lebens, das er ganz der Nachfolge Jesu widmete, der ihm vergeben hatte. »Damit ihr erkennt, dass ich die Macht habe, Sünden zu vergeben, steh auf und geh!« Natürlich stand er auf und ging und dieses Mal wahrscheinlich durch die Tür.

Gebetsfokus

Danke Gott, dass er dir deine Schuld vergibt, und bitte ihn, dir den gleichen mutigen Glauben und die Leidenschaft zu schenken, wie ihn die Freunde des Gelähmten hatten.

Die nächsten Schritte

- Was müssen die Männer, die ihren gelähmten Freund aufs Dach hievten, über Jesus gedacht haben, um solch extreme Maßnahmen zu ergreifen?
- Was hält dich davon ab, Jesus mit derselben Leidenschaft zu folgen?
- Wenn es dir schwerfällt, deinen Glauben über materiellen Reichtum zu stellen, dann überleg dir drei Gründe, warum er wichtiger ist.

BLIND

»An einem anderen Sabbat ging er in eine Synagoge und lehrte dort. Anwesend war auch ein Mann mit einer verkrüppelten Hand. Die Schriftgelehrten und die Pharisäer beobachteten genau, ob er diesen Mann wohl heilen würde. Sie hofften, ihn diesmal selbst bei der Verletzung des Sabbatgebotes zu ertappen.«

Lukas 6,6-7

Was für eine seltsame, rein von Gesetzen bestimmte und unpersönliche Welt. Den Pharisäern ging es mehr um die Regeln als um die Menschen. Da war ein Mann mit einer verkrüppelten Hand, der vielleicht an einer Nervenkrankheit litt – die Gründe kennen wir nicht. Doch er musste arbeiten, um sich selbst und vielleicht sogar eine Familie zu ernähren. Kurz gesagt: Seine Not war groß und offensichtlich. Aber das interessierte die Religionsführer nicht, denn sie hatten sich auf Jesus eingeschossen, den Anstoß ihres Ärgers. Dieser kranke entstellte Mann, der einen Namen, eine Geschichte, Angst vor der Zukunft und wahrscheinlich auch Hunger hatte, war für sie nur ein Spielball und eine gute Möglichkeit, um den Mann in eine Falle zu locken, der ihre Welt ins Wanken brachte.

Und Jesus brachte ihre Welt wirklich ins Wanken. Statt gespannt den Pharisäern zu lauschen, strömten die Menschen jetzt in Scharen zu dem Mann aus Nazareth, der ständig die Regeln brach, was ihn natürlich so interessant und zugänglich machte, wie es die Pharisäer nie gewesen waren. Er war bescheiden und demütig, trat gleichzeitig aber auch souverän auf. Außerdem war er wortgewandt. Und dazu tat er Dinge, die außer ihm niemand konnte, etwa Krankheiten zu heilen und Dämonen auszutreiben. Außerdem weigerte er sich, vor den Mächtigen zu kuschen. Die Menschen strömten zu ihm und er enttäuschte sie nicht.

»Jesus wusste, was sie vorhatten, und sprach deshalb den Mann mit der verkrüppelten Hand an: ›Steh auf und stell dich hier vor uns‹, was dieser sofort tat. Daraufhin wandte Jesus sich direkt an die Schriftgelehrten und die Pharisäer: ›Lasst mich euch eine Frage stellen: Welche Art von Handlungen passt am besten zum Sabbat? Gutes tun oder Böses? Menschen zu helfen oder Menschen hilflos sich selbst zu überlassen?‹ Er ließ seinen Blick über die Menge schweifen und sah jeden an. Dann wandte er sich an den Mann: ›Heb deine Hand hoch!‹ Dieser streckte seine Hand nach oben und sie war vollkommen wiederhergestellt. Die Pharisäer waren außer sich vor Wut und begannen,

Pläne zu schmieden, wie sie Jesus beseitigen könnten« (Lukas 6,8-11).

Es ist leicht, die Pharisäer in ihrer Selbstgerechtigkeit und Selbstverliebtheit zu kritisieren. Sie konnten wirklich schrecklich sein, was Jesus in wenigen Worten öffentlich aussprach. Aber bevor wir sie vorschnell verurteilen, sollten wir uns bewusst werden, dass wir leicht in diese Falle tappen. Denk nur mal an all die Obdachlosen, mit denen wir Blickkontakt vermeiden, wenn wir sie am Straßenrand sitzen sehen. Oder an die unterbesetzten Anlaufstellen für Hilfesuchende und die unterfinanzierten Hilfsorganisationen und Missionsprojekte.

Mal ganz ehrlich: Meistens ist es doch viel einfacher, die Not zu ignorieren. Wir sind abgestumpft und schenken bedürftigen Menschen oft nur wenig Aufmerksamkeit. Manchmal sind wir genervt oder fühlen uns ausgenutzt. »Schon wieder einer von diesen Leuten. Wie viel Kleingeld soll ich denn noch mit mir herumschleppen?«, denken wir. Ja, manchmal lehnen wir wie die Pharisäer Menschen ab, von denen wir glauben, dass sie uns nur Schuldgefühle bereiten wollen. Doch genau wie der Mann mit der verkrüppelten Hand haben sie Namen und Lebensgeschichten. Sie haben Zukunftsängste und Hunger. Frag nicht nach den möglichen Gründen für ihre Notlage – ihre Not ist einfach da. Und genau wie die Pharisäer haben auch wir viel zu lernen von dem Nazarener, der Not und Elend nicht einfach ausblendete.

Gebetsfokus

Danke Gott dafür, dass er deine Nöte nicht ausblendet. Bekenne ihm, wenn du dich wie die Pharisäer verhalten hast, und bitte ihn, dass er dir ein Herz für die Bedürftigen schenkt.

Die nächsten Schritte

- Wir können unmöglich auf jede Notlage eingehen. Aber versuch, dich an eine Situation zu erinnern, wo du hättest helfen können, es aber nicht getan hast. Warum hast du dich abgewandt? Wie würdest du heute reagieren, wenn du eine zweite Chance hättest?
- Wie hat Jesus bedürftige Menschen behandelt? Was glaubst du, was er in ihnen sah?
- Überleg dir, wie du in Zukunft mit der Not anderer umgehen willst (zusätzlich zu Geldspenden, denn das ist relativ einfach).

BETTELARM

»Jeder drängte sich an ihn heran, um ihn zu berühren, denn es ging eine unglaubliche Kraft von ihm aus, die alle Kranken und Belasteten heilte. Doch dann richtete Jesus sich auf, blickte die Menschen, die ihn umgaben, an und begann zu sprechen: ›Ihr seid gesegnet, wenn ihr vor Gott bettelarm dasteht. Ihr werdet erfahren, was es heißt, unter seiner Herrschaft leben zu dürfen.‹«
Lukas 6,19-20

Ganz sicher gab es unter den Massen, die Jesus umgaben, viele Leute mit chaotischen Lebensgeschichten. Bei ihm kamen in Scharen Menschen zusammen, deren Leben einen schweren Knacks erlitten hatte. Natürlich gab es kein farbcodiertes System, um die Menschenmenge zu sortieren, oder Drehkreuze, vor denen sie in langen Schlangen anstehen mussten. Jeder konnte einfach kommen. Und das taten sie.

Davon abgesehen gab es aber offensichtlich eine Unterscheidung in zwischenmenschlicher Hinsicht. Die Jünger sahen die

Menschen sicher nicht auf dieselbe Weise wie Jesus. Sie waren voll und ganz dabei, wenn es darum ging, Jesus nachzufolgen, doch es war eine andere Sache, andere zu lieben und ihnen zu dienen. Es sollte dauern, bis sie das lernten.

Eines Tages nahm sich Jesus vor seiner Predigt Zeit und setzte sich mit seinen Jüngern zusammen. Das war eine gute Gelegenheit, um ein bisschen über das Himmelreich zu plaudern und darüber, was es für die wachsende Menge armer Leute bedeutete, die ihnen folgte. Er begann seine Predigt mit dem Satz: »*Glücklich seid ihr, die ihr in Armut lebt, denn euch wird das Reich Gottes geschenkt*« *(Lukas 6,20)*. Mit anderen Worten: »Das da drüben sieht vielleicht aus wie ein großer Chaoshaufen – aber er ist in meinen Augen wunderschön, Leute. Und wisst ihr was? Diese Menschen sind gar nicht so anders als ihr.«

Jesus erklärte die Rangordnung im Reich Gottes: eine verkehrte Welt, in der die Ersten die Letzten und die Letzten die Ersten sein würden. All diese gebrochenen Menschen waren plötzlich die VIPs. Sie waren gesegnet. Begünstigt. Und standen weitaus besser da als der Großteil der gebildeten, leistungsfähigen Elite. Nicht, weil sie arm und körperlich eingeschränkt waren, sondern weil ihre Verzweiflung sie demütig und offen machte für das, was ihnen Jesus anbot.

Natürlich waren auch die Reichen eingeladen, doch nur wenige von ihnen waren im Geiste arm genug, um das anzunehmen. Demut entsteht an Tiefpunkten. Jesus hat die verzweifelten und unübersichtlichen Massen nicht nur geduldet und sich ihrer erbarmt, er freute sich über ihre Demut. Er schätzte sie und ging auf sie zu, um ihre Herzen zu erneuern und ihre Körper zu heilen. Die Jünger begriffen langsam, aber sicher, dass die Versprechen Gottes, die weit über die Heilung von Krankheiten hinausgingen, überwältigend waren. Ewig. Viele von denen, die in Scharen gekommen waren – die am schwersten Gebeutelten –, gingen geheilt und gesegnet zurück als Erben von Gottes Reich. Diese jedem zugängliche Liebe Jesu war etwas völlig Neues.

»Ich, der Hohe und Erhabene, der ewige und heilige Gott, wohne in der Höhe, im Heiligtum. Doch ich wohne auch bei denen, die traurig und bedrückt sind. Ich gebe ihnen neuen Mut und erfülle sie wieder mit Hoffnung« (Jesaja 57,15).

Gebetsfokus

Bitte Gott, dich demütig zu machen, damit auch dein Herz erneuert wird.

Die nächsten Schritte

- Versetz dich in die Lage der Jünger. Würde es dir schwerfallen, der verzweifelten Menge zu dienen? Warum oder warum nicht?
- Kennst du jemanden, der besonders »arm im Geist« ist? Wie würdest du ihn oder sie beschreiben?
- Wie kannst du versuchen, »arm im Geist« zu sein?

Tag 28:
GEGENWART
Teil 1

»An einem Sabbattag wanderte Jesus durch ein Getreidefeld, dessen Ähren schon reif waren. Seine Jünger pflückten sich im Vorbeigehen Ähren ab, um die Körner zu essen. Die Pharisäer beschwerten sich bei Jesus darüber: ›Siehst du nicht, wie deine Jünger die Sabbatvorschriften übertreten?!‹«
Markus 2,23-24

Genau genommen war es nicht gegen das Gesetz, ein paar Getreidekörner am Sabbat abzupflücken. Ja, Gott hatte seinem Volk befohlen, an jedem siebten Tag auszuruhen. Mose hatte bestimmt, dass an diesem Tag kein Feuer gemacht werden durfte, sodass die Juden ihre Mahlzeiten für den Sabbat schon vorher zubereiteten. Es gab auch ein Zeremonialgesetz, das folgende Tätigkeiten verbot: Nahrungszubereitung, das Anfertigen von Kleidung oder Lederwaren und Bauarbeiten.

Aber Ährenpflücken stand auf keiner Liste. Belassen wir es dabei, dass die Religionsführer mehr von den Leuten erwarteten, als Gott es tat, was den Sinn der Vorschriften aushöhlte. Gott wollte, dass die Juden ausruhten, weil sie jeden Tag körperlich arbeiteten und die Arbeit nie ausging – in Gottes Namen waren sie vierzig Jahre lang durch die Wüste gewandert und hatten ihre Unterkunft mit sich herumgeschleppt. Die erforderliche Pause forderte Gott also nicht um seinetwillen, sondern um ihretwillen, so wie Eltern ihre erschöpften Kleinkinder dazu bringen, einen Mittagsschlaf zu halten. Zurück zur Geschichte.

»Jesus hielt dagegen: ›Wirklich, tun sie das? Habt ihr nie gelesen, was David tat, als er hungrig war? Wie er damals, als Abjatar Hohepriester war, im Heiligtum die frischen Brote aß, die schon als Opfergabe auf dem Altar lagen und als heilige Brote nur von den Priestern gegessen werden durften? Er gab sie sogar noch seinen Gefährten‹« (Markus 2,25-26).

Zur Zeit des Alten Testaments war das Haus Gottes (auch bekannt als Stiftshütte) der Ort, in dem Gott in Form einer Wolke oder Feuersäule wohnte. Außer seiner Gegenwart befanden sich nur wenige Gegenstände in den zwei Räumen des Zelts. Zunächst einmal ein goldener Lampenfuß aus Massivgold. Er wog rund 35 Kilogramm und hatte sechs Arme (ähnlich wie eine Menora oder ein Kandelaber) mit kleinen Lampen, die als einzige Lichtquelle ständig brannten. Auf dem Räucheraltar, der aus Akazienholz gemacht und mit Gold überzogen war und einen Meter erhöht stand, wurde Weihrauch verräuchert. Gegenüber dem Leuchter stand ein ebenfalls mit Gold überzogener Tisch aus Akazienholz. Darauf legten die Priester an jedem Sabbat ein Opfer aus zwölf ungesäuerten Brotkuchen (ähnlich wie Matzen), zusammen mit Weihrauch. Die Brote wurden immer frisch gebacken und jede Woche ersetzt. Sie sollten an Gottes kontinuierliche Fürsorge für sein Volk erinnern – daher auch der Name »Schaubrote« (vgl. 2. Mose 25,30). Alle Rituale – wie das Entzünden der Lampen, das Räuchern und das Brotbacken – wurden durchgeführt, um Gottes Gegenwart zu ehren, denn er war in diesem Raum gegenwärtig. Halten wir das so fest.

Trotz Gottes großer Gunst gegenüber David und seinen daraus folgenden Siegen auf dem Schlachtfeld konnte dieser Typ ganz schön anstrengend sein. Sein Verhalten war oft von körperlichen Bedürfnissen bestimmt und so war es auch bei folgendem Zwischenfall: David wurde von König Saul verfolgt; er war auf der Flucht, war müde und hungrig. Er verstieß in dreifacher Hinsicht gegen das Gesetz: David betrat das Haus Gottes, was nur Priestern erlaubt war. David betrog den Priester, indem er ihm erzählte, er sei auf einer Geheimmission im Auftrag von Saul unterwegs. Gelogen! David aß die Schaubrote, was verboten und den Priestern vorbehalten war. Trotzdem hielten die regelbesessenen Pharisäer sehr viel von David. Doch dieser fremde Typ da mit seinen Jüngern, die einfach so Getreideähren abpflückten – wie konnten sie es nur wagen? Jesus entlarvte ihre empörte Heuchelei – wie noch viele weitere Male! – und lenkte das Gespräch auf etwas viel Beunruhigenderes. Fortsetzung folgt.

Gebetsfokus

Bitte Gott, dir zu zeigen, wo dir Regeln wichtiger sind als Beziehungen.

Die nächsten Schritte

- Findest du es spannend oder langweilig, über die Stiftshütte mit all ihrem Glanz und Gloria zu reden? Warum?
- Stell dir den Raum vor, in dem Gott gegenwärtig war. Stell dir vor, wie du dich der Wolke oder Feuersäule näherst. Wie würde sich das auf deine Sicht der Gesetze und ihre Bestimmungen auswirken?
- Stell dir vor, mit Jesus spazieren zu gehen. Stell dir seine zugängliche Art, die lockere Unterhaltung und die Wärme vor, die von seiner Persönlichkeit ausgeht.

GEGENWART
Teil 2

»Jesus hielt dagegen: ›Wirklich, tun sie das? Habt ihr nie gelesen, was David tat, als er hungrig war? Wie er damals, als Abjatar Hohepriester war, im Heiligtum die frischen Brote aß, die schon als Opfergabe auf dem Altar lagen und als heilige Brote nur von den Priestern gegessen werden durften? Er gab sie sogar noch seinen Gefährten.‹ Sie schwiegen. Da versetzte Jesus ihnen noch den letzten Schlag: ›Der Sabbat wurde geschaffen, um uns zu dienen; wir wurden nicht geschaffen, um dem Sabbat zu dienen. Der Menschensohn ist nicht ein Sklave des Sabbats. Er steht über ihm!‹«
Markus 2,25-28

Die Jünger wanderten mit Jesus von einem Ort zum anderen, sie hörten ihn predigen und sahen ihn heilen. Dabei lernten sie ihn immer besser kennen. Sie verbrachten Zeit miteinander, erzählten sich Geschichten, lachten, aßen und bildeten eine nette Gemeinschaft. Ich schätze, die Meinung anderer wurde für die Jünger immer unwichtiger, je länger sie mit Jesus zusammen waren. Auf der anderen Seite waren die Pharisäer mächtige Männer im Land, und die Missachtung des Sabbatgesetzes hatte Konsequenzen wie Gefängnis oder sogar Tod durch Steinigung.

Ich könnte mir vorstellen, dass ein paar der Jünger vor Angst zitterten, als sich diese Szene mit den Pharisäern abspielte. Womöglich standen einige dieser Hitzköpfe mit geballten Fäusten da. Manche von ihnen waren durch ihre Gesetzeshörigkeit vielleicht innerlich schon völlig abgestumpft. Die Blicke der Jünger waren auf Jesus gerichtet, während er im Getreidefeld stand. Dann sagte er zu ihnen: »*Der Sabbat wurde geschaffen, um uns zu dienen; wir wurden nicht geschaffen, um dem Sabbat zu dienen. Der Menschensohn ist nicht ein Sklave des Sabbats. Er steht über ihm*« (Markus 2,27-28). Ein paar wenige Sätze, die für die Pharisäer äußerst schwierig waren!

»*Der Sabbat wurde geschaffen, um uns zu dienen*« (*Markus 2,27-28*). Das bedeutete, dass Gott die Menschen durch das Gesetz segnen wollte. Sie sollten sich erholen und auftanken, Zeit mit der Familie und Freunden verbringen und sich bewusst an seinen Segen, seine Fürsorge und ständige Gegenwart erinnern. Der Sabbat sollte lebensspendend sein in Übereinstimmung mit dem Tag, an dem Gott sich nach der Schöpfung ausruhte.

»*Wir wurden nicht geschaffen, um dem Sabbat zu dienen*«
(*Markus 2,27*). Das bringt zum Ausdruck, dass die Menschen
sich diesen Regeln nicht zu unterwerfen hatten, denn sie sollten keine Belastung darstellen. Gott wünschte sich lediglich
Gemeinschaft mit seinen Leuten ohne die Aufgaben, die sie
unter der Woche beschäftigten. Er wollte, dass sie bei ihm
gegenwärtig waren und dass sie sich seiner Gegenwart bewuss-
ter wurden – die grundlegenden Bedürfnisse einer gesunden
Beziehung.

»*Der Menschensohn ist nicht ein Sklave des Sabbats. Er steht
über ihm!*« (*Markus 2,28*). Mit dieser Aussage gab Jesus der
Diskussion mit den Pharisäern Zunder. Bis dahin waren einige
von ihnen vermutlich noch mit Jesu Aussagen einverstanden
gewesen: »Okay, die Sache mit König David lassen wir mal
außer Acht, vielleicht ist das mit den abgepflückten Getreideähren auch gar nicht so wichtig. Jesus hat recht, dass Gott den
Sabbat zu unserem Wohl erschuf. Diese Männer haben ja nicht
gekocht, sondern nur gegessen, vielleicht haben wir ja etwas
überreagiert. Moment mal ... Hat er gerade gesagt, dass *er* der
Herr über den Sabbat ist?«

Ja, hat er. Jesus bezeichnete sich selbst immer wieder als
den Menschensohn, was den Verheißungsexperten, denen er
gegenüberstand, nicht verborgen geblieben war. Genauso hatte
bereits Daniel im 6. Jahrhundert v. Chr. auf den kommenden
Messias hingewiesen (vgl. Daniel 7,13). Und jetzt verwende-

te Jesus die Bezeichnung für sich selbst. Die einzig logische Schlussfolgerung daraus: Er ist Gott (und regiert daher über den Sabbat). Zuerst David, dann Daniel; das war ein Schlag ins Gesicht, der die Pharisäer so sehr aus dem Konzept brachte, dass sie das Gespräch beendeten. Für den Moment zumindest.

Der Witz an der Sache: Die Regeln der Pharisäer, die den Prunk der Stiftshütte schützten, und die Abläufe, an die sie sich hielten, sowie die Sabbatruhe, die sie so kleinlich einforderten, dienten allesamt dazu, Gottes Gegenwart zu erkennen und zu ehren. Doch als derjenige, um den sich ihr ganzes Leben drehte, vor ihnen stand, erkannten sie ihn nicht. Die Jünger sahen es. Die bedürftigen Menschen von nah und fern sahen es. Doch diese Männer, die physisch und intellektuell so nahe an Jesus dran waren, konnten es nicht sehen. Vielleicht hätten sie ihn erkannt, wenn sie bereit dazu gewesen wären, die ablenkenden Tagespflichten einmal beiseitezulegen und stattdessen mehr in Gottes Gegenwart zu treten. Denn er selbst war gegenwärtig.

Gebetsfokus

Bitte Gott um Vergebung, wenn du andere Dinge über seine Gegenwart gestellt hast, und bitte ihn darum, zu erkennen, wenn er da ist.

Die nächsten Schritte

- Was ziehst du der Zeit in Gottes Gegenwart vor?
- In welchem Bereich deines Lebens verweigerst du die Herrschaft Gottes?
- Was gefällt dir am meisten, wenn du Zeit mit Gott verbringst? Was musst du ändern, um noch mehr Zeit mit ihm zu verbringen?

Tag 30:
LICHT

»Wer auf den Sohn vertraut, der kommt gar nicht erst ins Gericht.
Wer sich ihm gegenüber aber verweigert, der ist schon gerichtet,
weil er das Beste nicht ergreift, was diese Welt zu bieten hat: das
Geschenk, auf den Sohn Gottes vertrauen zu dürfen. Der Menschensohn muss also niemanden richten: Die Menschen richten
sich selbst. Denn das Licht, das in diese Welt kam, hat deutlich
gezeigt, dass viele Menschen die Finsternis mehr lieben als das
Licht, weil das, was sie tun, nicht ans Licht kommen darf.«
Johannes 3,18-19

Nikodemus kam mitten in der Nacht zu Jesus, um mit ihm
zu reden und von ihm zu lernen – und um sich zu verstecken.
Das Johannesevangelium sagt zwar nicht konkret, dass das
Treffen in der Dunkelheit stattfand, damit die anderen Pharisäer nichts davon mitbekamen, aber Jesu Worte deuten es an:
»Solange du nicht bereit dazu bist, aus der Dunkelheit ins Licht
zu treten, gehörst du nicht zu mir.«

Aber jetzt erst mal zurück zur Geschichte. Die passive Aggression der Pharisäer wurde zu offensichtlicher Aggression. Je mehr Jesus predigte und heilte, desto mehr verschaffte er sich einen Ruf, und seine Zuhörerschaft wuchs. Unter der Menge waren einige, die zu Recht glaubten, dass Jesus der lang ersehnte Retter sei, und Jesus betonte das auch immer wieder, weshalb die Pharisäer ihre Verachtung nicht länger versteckten. Sie schmiedeten Mordpläne und planten regelrechte Anschläge auf Jesu Leben, versuchten, ihre Pläne jedoch geheim zu halten aus Angst vor der Reaktion der Leute.

Es ergibt also Sinn, dass Nikodemus – ein anerkannter Pharisäer, der einen Ruf und eine Karriere zu verlieren hatte – sich davor fürchtete, mit Jesus gesehen zu werden. Trotzdem war das Erste, was er in dem geheimen Treffen sagte: *»Rabbi, wir alle wissen, dass nur ein Mensch, der von Gott gekommen ist, all die Zeichen und Wunder vollbringen kann, die Ihr vollbringt«*, begann er. *»Das weist Euch auch als jemand aus, dessen Lehren von Gott autorisiert sind«* (Johannes 3,2). Er war auf der richtigen Spur. Jesus kam von Gott und seine Taten bewiesen das. Üblicherweise waren die Pharisäer ihre größten eigenen Fans: Sie waren stolz auf ihre Bildung, ihre Erfolge, ihre Frömmigkeit und ihren Eifer – all das verschaffte ihnen Status und Macht. Das machte es Nikodemus schwer, angemessen auf den Mann zu reagieren, der eindeutig von

Gott kam, und die Anrede »Rabbi« war die höchste Form der Wertschätzung, die er aufbringen konnte.

Doch diese Erklärung reichte bei Weitem nicht aus, und Jesu Antwort war, wenn auch behutsam ausgedrückt, ernst gemeint. Umformuliert hätte das ungefähr so geklungen: »Weil ich Gottes Sohn bin, wird jeder, der an mich glaubt, ewiges Leben haben, und diejenigen, die nicht an mich glauben, werden verurteilt – auch wenn ich nicht deshalb gekommen bin, um zu verurteilen, sondern um zu retten. Nikodemus, das, was du als so wichtig erachtest, das nenne ich böse, weil es dich davon abhält, mir nachzufolgen.« Nikodemus' fehlende Bereitschaft, sich im Licht des Tages mit Jesus zu treffen, stand symbolisch für seinen Unwillen, Jesus zu folgen. Punkt. Zumindest in jener Nacht. Er wusste es noch nicht, aber Nikodemus liebte die Dunkelheit und alles, was er sich darin aufgebaut hatte. Erst nach der Kreuzigung Jesu trat der zögerliche Pharisäer aus dem Schatten hervor.

»Josef von Arimathäa gehörte dem Rat der Juden an, war aber ein Jünger Jesu – allerdings nur heimlich, da er Angst vor den Juden hatte. Er ging nun zu Pilatus und bat ihn, den Leichnam Jesu abnehmen zu dürfen. Pilatus gab die Erlaubnis dazu. Daraufhin ging Josef zu der Hinrichtungsstätte und nahm den Leichnam Jesu vom Kreuz ab. Nikodemus, der beim ersten Mal im Schutz der Dunkelheit zu Jesus gegangen war, kam jetzt am

helllichten Tag und brachte etwa vierundsechzig Pfund einer Mischung aus Myrrhe und Aloe. Sie nahmen den Leichnam Jesu und wickelten ihn, wie es bei den Juden Begräbnissitte ist, mitsamt den wohlriechenden Salben in ein Leinentuch. Ganz in der Nähe des Ortes, an dem man ihn gekreuzigt hatte, gab es einen Garten, in dem sich ein neues Grab befand. In dieses Grab war noch nie jemand gelegt worden. Da nun der Sabbat schon unmittelbar bevorstand und das Grab ganz in der Nähe war, legten sie Jesus dort hinein« (Johannes 19,38-42).

Woher kam dieser Wandel? Warum war Nikodemus plötzlich dazu bereit, seine Liebe für Jesus öffentlich zu demonstrieren? Vielleicht war es das ungerechte Urteil durch die Pharisäer. Vielleicht war es die Boshaftigkeit der Römer, als sie das Urteil vollstreckten. Vielleicht war es die tobende Menge, genau die Leute, die Jesus gelehrt, geheilt und denen er zu essen gegeben hatte. Wahrscheinlich war es das Ergebnis von enormer Schuld – der Versuch, seine frühere Feigheit wiedergutzumachen. Was es auch immer war: Die Angst, der Stolz und der Unglaube, die Nikodemus in der Dunkelheit gehalten hatten, konnten ihm nun nichts mehr anhaben. *»Wache auf, du Schlafender, erhebe dich von deinem Totenlager, und Christus wird dein Licht sein«* (Epheser 5,14).

Gebetsfokus

Wenn du deine Leidenschaft für Jesus versteckst oder etwas zurückhältst, wofür du dich schämst, dann bitte Gott, es aufzudecken.

Die nächsten Schritte

- Was hast du riskiert, um Jesus nachzufolgen? Was hat es dich gekostet?
- Inwiefern ist Jesus wie das Licht? Inwiefern sind Menschen schläfrig?
- Was in deinem Leben und deinem Herzen hältst du noch im Dunkeln und weg vom alles durchdringenden, verändernden Licht Jesu?

MACHT

»Und nicht nur das: Welche Herrlichkeit hat der Vater ihm geschenkt, der ihn jetzt im Himmel neben sich gesetzt hat. Seine Macht stellt alles in den Schatten, was Menschen auf Erden für mächtig halten. Wenn sein Name genannt wird, werden alle Mächtigen zittern – nicht nur heute, sondern auch noch in ferner Zukunft.«
Epheser 1,21

Nikodemus und seine Freunde vom Hohen Rat waren die politische und religiöse Instanz ihrer Zeit. Sie verordneten ein verwirrendes Chaos von Befehlen bis hin zu rechtlichen Details, die man unmöglich befolgen konnte. Besonders viel Wert legten sie auf die Gesetze über die Einhaltung des Sabbats, der Reinheit und der Abgabe des zehnten Teils. Dabei hielten die Pharisäer sich natürlich alle möglichen Schlupflöcher für sich selbst offen. Sie erachteten das leicht veränderbare »mündliche Gesetz« als gleichwertig bindend wie das geschriebene. Das bedeutete, dass sie ein Gesetz ändern oder befolgen konnten, wie immer und wann immer sie das passend fanden. Deshalb sahen die Menschen in dieser Wir-machen-Regeln-und-halten-uns-selbst-nicht-daran-Gruppe nichts als selbstherrliche, heuchlerische Fanatiker. Ihre schamlose Arroganz löste Ärger und angsterfüllten Gehorsam aus. Sie waren im Wesentlichen eingebildete Tyrannen.

Soweit es ihn betraf, verdiente Nikodemus den Respekt, der ihm entgegengebracht wurde. Schließlich kannte er die Schriften, war religiös gebildet, ein angesehener Mann seiner Gemeinde und er hatte die Macht, Leute ins Gefängnis zu werfen, wenn sie zum Beispiel am Sabbat fischten. Wer konnte es schon wagen, ihn infrage zu stellen? Welcher gewöhnliche Mensch war mächtiger als er? Nikodemus erhielt die Antworten auf diese Fragen, als er Jesus begegnete.

Jesus sah nicht besonders wichtig aus. Er trug keine aufwendigen Gewänder, teuren Gebetsriemen und prächtigen Umhänge wie die Pharisäer. Er wedelte auch nicht mit einer Liste von Referenzen herum und verlangte Respekt dafür. Dennoch trotzte er dem System von institutioneller Hierarchie und setzte sich über sie hinweg. Seine überweltliche Autorität übte er mit Mitgefühl und Barmherzigkeit aus. Seine Macht war nicht zu leugnen. Jesus trieb Dämonen aus und vollbrachte Wunder. Und Nikodemus war einer der wenigen

Pharisäer, die wussten, was das bedeutete: Jesus war von Gott gesandt.

Und obwohl Jesu Gegenwart Nikodemus' Position, Macht und Existenz gefährdete, zog er ihn in seinen Bann und zwang ihn, alles zu riskieren, was er sich aufgebaut hatte. In Jesus fand er echte Wahrheit und Kraft, nicht diese religiöse Gedankenwelt, der er angehört hatte. Er fand das Wort, das Mensch wurde und unter uns lebte (vgl. Johannes 1,14). Der irdische Leib der Schrift, der Nikodemus sein ganzes Leben gewidmet hatte, um sie zu verstehen, kannte seinen Namen. Er fand die Hoffnung, zu der er berufen worden war. Und diese war überwältigend stark.

Gebetsfokus

Bekenne dich zu den Momenten, in denen du deinen Status über die Demut gestellt hast. Knie vor Gott nieder aus Dankbarkeit dafür, dass er eine Beziehung zu dir möchte.

Die nächsten Schritte

- Schreib auf, wann du wegen deines Glaubens überheblich gegenüber anderen warst.
- Welche Regel oder Lebensentscheidung ist dir wichtiger als die direkte und echte Verbindung mit Jesus?
- Welche Dinge musst du riskieren, um ihm zu folgen? Fällt dir das schwer?

GLAUBE

»Denn Gott hat die Welt so sehr geliebt, dass er seinen einzigen Sohn opferte, damit jeder, der sein Vertrauen auf ihn setzt, nicht verloren geht, sondern das ewige Leben hat.«
Johannes 3,16

Ein Versprechen und ein Bund sind irgendwie dasselbe und doch verschieden. Ein Versprechen ist eine Erklärung, dass man etwas tun oder etwas unterlassen wird. Ein Bund ist ein Vertrag, eine formelle Abmachung zwischen zwei oder mehr Parteien. Im Alten Testament finden wir mehrere Bundesschlüsse zwischen Gott und dem Volk Israel. Weil Gott weiß, was seinem Volk guttut, stellte er die Bedingungen für den Bund auf: Er versprach, die Israeliten zu beschützen und zu segnen, wenn sie nach seinen Geboten lebten. Doch sie taten es nicht.

Sie brachen den Bund immer wieder. Nicht weil Gottes Plan unvollkommen war, sondern sein auserwähltes Volk. Der

Bund mit Gott sollte zeigen, wie dringend sie Gott brauchten. Er wurde nicht geschlossen, um sie zu retten, sondern um den anzukündigen, der sie retten würde. Mit Jesus wurde der Vertrag erfüllt. Durch seinen Tod am Kreuz hat er den Neuen Bund in Kraft gesetzt: Er bedeutet für uns Menschen die Befreiung von Schuld und Sünde.

Nikodemus tat sich damit schwer: »*Jesus entgegnete: ›Gut, dann hört mir genau zu, denn das Folgende ist der Kern meiner Lehre: Solange ein Mensch nicht von Neuem geboren wird, kann er nicht in Gottes neue Welt kommen.‹ ›Wie kann denn jemand‹, fragte Nikodemus verdutzt, ›geboren werden, wenn er schon lange auf der Welt ist? Soll er wieder in den Mutterschoß zurückkehren, um noch einmal geboren zu werden?‹*« (Johannes 3,3-4).

Angesichts der Tatsache, dass Nikodemus ein Pharisäer war, wirkt seine Reaktion doppelt dämlich. Jesus machte ihn darauf aufmerksam, dass Nikodemus sein ganzes Leben dem Studium und der Lehre des Alten Bundes gewidmet habe, dass der Alte Bund zum Neuen Bund führe und dass der Neue Bund direkt vor ihm stünde – Jesus redete also ganz eindeutig nicht darüber, wieder in den Mutterleib zurückzukehren. Vielleicht hätte Nikodemus das etwas schneller kapieren müssen. Hat er aber nicht.

Nikodemus war auf Äußerlichkeiten fixiert. Sein Leben drehte sich nur um Protz und Angeberei, langatmige, leere Gebete, lächerliche Outfits und darum, die Gemeinde zu kontrollieren. Das war alles nur Fake. Zu Nikodemus' Glaube gehörte kein Funke Wahrhaftigkeit. Doch er würde diesem Lehrer glauben müssen, der von Gott selbst kam, der über den Leib sprach, der dem Leib neues Leben gab, und über den Geist, der dem Geist neues Leben gab. Es geht ums Herz, Niko. Herz, nicht Taten. Das erfordert wahren Glauben.

Als Verkörperung des Neuen Bundes stand Jesus Christus direkt vor Nikodemus und verkündete das außergewöhnlichste Versprechen, das es je gab: »Wenn du von Neuem geboren bist, wirst du das Himmelreich sehen. Wenn du glaubst, wirst du nicht sterben, sondern ewiges Leben haben. Ich habe dich bereits auserwählt; jetzt bist du dran, eine Entscheidung zu treffen.« Nikodemus, was sagst du dazu?

Gebetsfokus

Danke Gott für die Freiheit vom Gesetz. Bitte ihn um mehr Glauben und Hingabe.

Die nächsten Schritte

- Fällt es dir manchmal schwer zu glauben, dass der Neue Bund den Alten ersetzt hat? Denkst du manchmal, dass es nur um die Einhaltung von Regeln geht?
- Inwiefern kannst du dich mit Nikodemus identifizieren?
- Beschreibe den Moment, in dem dir bewusst wurde, dass du eine Entscheidung für oder gegen Jesus treffen musst.

Tag 33:

WAHRNEHMUNG

»Eure Augen sind die Fenster eures Körpers. Sind die Fenster klar,
kann das helle Licht des Tages ungehindert ins Haus strömen. Sind
sie dagegen völlig verschmutzt oder sogar durch Läden verschlossen, dann machen sie aus jedem Haus ein dunkles Verlies. Wie
dunkel muss es in euch sein, wenn in eure Wahrnehmung das klare
Licht Gottes nicht mehr vordringen kann!«
Matthäus 6,22-23

Das, was du siehst, ist das, was du bekommst. Leben und Tod,
Licht und Finsternis – du entscheidest, was passiert, indem
du dich entscheidest, wem du folgst. Folgst du dem Gruppen-
führer mit der großen Taschenlampe, dann wirst du sicher
wieder zurück ins Lager finden. Ignorierst du ihn, wirst du
dich wahrscheinlich verlaufen und von einem Bären gefressen
werden. Du hast die Wahl. Welchen Weg du auch einschlägst –
es sind deine Augen, die dir die Richtung vorgeben. Natürlich
glauben diejenigen, die in der Dunkelheit tappen, nicht unbe-

dingt, dass sie von einem Bären gefressen werden. Die meisten denken sogar, dass ihr Weg besser oder zumindest einfacher ist. Trotzdem können sie in der Dunkelheit nicht erkennen, dass er direkt in die Bärenhöhle führt.

Jesus sagte: »*Ich bin das Licht der Welt. Niemand, der mir nachfolgt, muss in der Dunkelheit herumirren, sondern sein ganzes Leben wird durch mich hell werden*« (*Johannes 8,12*). Im Grunde empfiehlt er seinen Zuhörern, dass sie besser dem Typen mit der Taschenlampe folgen sollten, wenn sie lebend aus dem Wald herauskommen wollten. Die Pharisäer ärgerten sich über seine Behauptungen. Sie betonten ihre unübertroffenen Kenntnisse und wollten wissen, wer ihn zum Anführer bestimmt hat. Sie befragten Jesus in Anwesenheit einer Menge von Menschen, und aufgrund seiner Antworten glaubten viele erst recht, dass er das Licht der Welt sei. Und weil sie beschlossen, ihm zu folgen, wurde ihr Leben hell.

So funktioniert das – in dieser Reihenfolge. Wenn du entscheidest, ihm zu folgen, dann *bist* du im Licht, denn er *ist* das Licht. Er ermöglicht es dir, den Weg sehen zu können und deine Umgebung so wahrzunehmen, wie sie wirklich ist. Es gibt kein Hausmittel für gesunde Augen und die richtige Wahrnehmung. Jesus allein kann dich sehend machen. Wenn deine Augen erst einmal gesund sind, dann wird alles andere gesund, denn was du siehst, wirkt sich auf dein ganzes Sein aus. »*Eure Augen sind die Fenster eures Körpers. Sind die Fenster klar,*

kann das helle Licht des Tages ungehindert ins Haus strömen«
(Matthäus 6,22).

Ein Arzt leuchtet mit einem hellen Licht in die Augen eines bewusstlosen Patienten, um den Hirntod festzustellen. Wenn das Auge auf das Licht reagiert und die Pupillen sich zusammenziehen, dann ist das Gehirn noch in Ordnung. Wenn dem nicht so ist, dann ist das Gehirn tot. Im Gegensatz zu einem hirntoten Menschen kannst du dich dafür entscheiden, dem Licht zu folgen. Wir können uns entscheiden, dem zu antworten, der sich zuerst für uns entschieden hat. Er ist das Licht. Er kennt den Weg und wird uns sicher zurück nach Hause führen.

Gebetsfokus

Danke Gott, dass er deine Augen gesund gemacht hat. Bitte ihn, dass er dir hilft, das nie für selbstverständlich zu halten und immer »klar zu sehen«.

Die nächsten Schritte

- Beschreibe, wie du das erste Mal bemerkt hast, dass du klar sehen und wahrnehmen kannst.

- Wie hat sich deine klare Wahrnehmung von Jesus auf dein Leben ausgewirkt?
- Warum hast du schon einmal die Taschenlampe des Anführers abgelehnt und wie kannst du sicherstellen, dass das immer seltener vorkommt?

Tag 34:
WERTVOLL

»Die Menschen brachten Kinder zu Jesus in der Hoffnung, dass er sie segnen würde, doch sie wurden von den Jüngern Jesu grob abgewiesen. Dieser hatte die Szene beobachtet und wies nun seinerseits die Jünger zurecht: ›Kinder können zu jeder Zeit zu mir kommen. Drängt euch niemals zwischen sie und mich, denn sie stehen im Mittelpunkt des Reiches Gottes.‹«
Markus 10,13-14

Manchmal verhielten sich die Jünger wirklich lächerlich. Manche der Kinder, die zu Jesus gebracht wurden, brauchten Heilung. Jesus legte ihnen die Hände auf und segnete sie, was den Eltern sehr wichtig war. Aber die Jünger wehrten nicht nur gesunde Kinder ab, sondern auch kranke. Kein sehr feiner Zug. Jesus war darüber verärgert, was sein großes Herz für Kinder offenbart. Dass die Jünger ihn von kleinen Kindern fernhielten und ihnen den Zugang zu ihm verweigerten, machte ihn zornig. Denn die Kinder waren nicht nur schutzbedürftig und in

Not, sondern repräsentierten all jene, für die Jesus gekommen war, um sie zu retten, »*denn sie stehen im Mittelpunkt des Reiches Gottes*« *(Markus 10,14)*.

Kinder sind unkompliziert. Sie betrachten die Welt um sie herum mit großen Augen. Sie sind neugierig und voller Erwartungen, formbar und vertrauensvoll. Von Natur aus sind sie nicht abgestumpft oder voreingenommen – diese Eigenschaften entstehen erst mit zunehmendem Alter in Kombination mit Selbstbezogenheit, Selbstbewusstsein, Selbstschutz, Selbstdarstellung und Selbstverherrlichung. Im Gegensatz dazu sind Kinder (die meisten zumindest) bereit, sich zurückzunehmen und zu empfangen, auf den Schoß des Retters zu klettern und umsorgt, geführt und geliebt zu werden. Die Kinder kamen zu Jesus auf eine Art, die wir ihnen nachmachen sollten: »*»Merkt es euch: Wer die Herrschaft Gottes nicht annimmt wie ein Kind, der wird sie nie erfahren.‹ Dann nahm er die Kinder in seine Arme, legte ihnen die Hände auf und segnete sie*« *(Markus 10,15-16)*.

Jesus wies die Jünger zurecht, weil sie Kinder abwehrten, und dasselbe gilt für uns. Unsere vorgefertigten Vorstellungen von der Beziehung zu Gott und unsere arroganten Auffassungen darüber, wie sie funktionieren sollte, schränken uns darin ein, all das zu empfangen, was er für uns bereithält. Auch unser System von religiösen Verdiensten schränkt uns ein. Nehmen wir doch lieber wieder unseren Platz auf seinem Schoß ein. Unsere Enttäuschungen, unsere Bitterkeit und Sturheit schränken uns ein. Unsere Scham, Schuld und Unsicherheit schränken uns ein. Der Stolz über unser Auftreten und über unsere Erfolge schränkt uns ein. Der Wunsch, die Kontrolle über unser Leben zu haben, schränkt uns ein. All das hindert uns daran, ungehindert zu dem zu kommen, für den wir so wichtig sind.

Die Kinder kamen zu Jesus, ohne ihm irgendetwas anderes anbieten zu können als ihre Liebe und die Begeisterung darüber, bei ihm sein zu dürfen. Jesus wollte Zeit mit ihnen verbringen, sie umarmen und sie heilen. Er wollte es. Und auch wir sind wertvoll für Jesus. Wenn wir erkennen, wie sehr wir seine Hilfe brauchen, wenn wir bereit sind, loszulassen, zu empfangen, geführt und geliebt zu werden, wenn wir mit der einfachen Erwartung zu Jesus kommen, dass wir bei ihm willkommen und erwünscht sind, dass uns vergeben wurde, dass wir erneuert werden, weil er uns liebt – dann wird er uns mit offenen Armen empfangen.

Gebetsfokus

Bete heute ein paar bekannte Kindergebete aufrichtig und mit kindlichem Glauben.

Die nächsten Schritte

- Welche Beschränkungen hast du deiner Beziehung zu Jesus auferlegt? Was hindert dich daran, näher bei ihm zu sein?
- Lies Jesaja 43,1-4, Lukas 12,6-7 und Römer 5,6-8. Was sieht Gott in dir laut der Bibel?
- Welche neuen Denkmuster sind nötig, damit du dich Gott auf wahrhaftige, kindliche Weise nähern kannst?

Tag 35:
GEHEILT
Teil 1

»Als es wieder Sabbat geworden war, ging Jesus in eine Synagoge und lehrte dort. Zu der Versammlung kam auch eine Frau, die so verkrüppelt war, dass sie nicht einmal aufschauen konnte. Seit achtzehn Jahren litt sie bereits unter dieser Erkrankung, von der viele überzeugt waren, dass nur ein Dämon ihr so etwas antun konnte. Als Jesus sie sah, rief er sie zu sich: ›Frau, du bist von deiner Krankheit erlöst!‹ Er legte ihr die Hände auf und schon konnte sie sich aufrichten. Sofort fing sie an, Gott zu loben und zu danken. Der Leiter der Synagoge wurde sehr ungehalten, weil Jesus am Sabbat geheilt hatte. Um ihn nicht direkt anzusprechen, sagte er zu den Versammelten: ›Sechs Tage sind für die Arbeit bestimmt. Wenn ihr geheilt werden wollt, dann kommt an einem der sechs Tage, aber nicht am siebten, dem Sabbat.‹ Doch das konnte Jesus nicht so stehen lassen: ›Ihr Heuchler! Jeder von euch bindet am Sabbat seinen Ochsen oder seinen Esel los und führt ihn zur Tränke, ohne sich dabei auch nur das Geringste zu denken. Warum soll es dann für mich nicht in Ordnung sein, diese Tochter Abrahams von den Fesseln zu befreien, mit denen Satan sie achtzehn Jahre gefangen gehalten hat?«

Lukas 13,10-16

Reporter: Meine Damen, vielen Dank, dass ihr alle gekommen seid. Im Rahmen der Serie *Wo stehen Sie heute?* befragen wir Frauen, die eine der Heilungen erlebt haben, die die Region so begeistern. Ich würde mit euch gerne über eure Begegnungen mit Jesus sprechen und darüber, wie sie euer Leben verändert haben. Tochter Abrahams, beginnen wir mit dir. Erzähl uns von dem schicksalhaften Tag im Tempel. Erinnerst du dich, worüber Jesus predigte?

Tochter Abrahams: Ich erinnere mich, wie er predigte – mit solch einer Kraft und Autorität, dass ich mich fragte, ob die anderen Gelehrten überhaupt irgendetwas wussten. Ich war von seinen Worten fasziniert und versuchte, mich so zu drehen, dass ich ihn sehen konnte, aber es ging nicht. In dem Moment hat er mich entdeckt und nach vorn gerufen.

Reporter: Hattest du Angst?

Tochter Abrahams: Angst hatte ich nicht, aber ich war schon überrascht. Von einem Mann in der Öffentlichkeit angesprochen zu werden, war ungewöhnlich. Und dass jeder mich anstarrte, machte mich ein bisschen nervös, aber Angst hatte ich keine. Ich war aufgeregt, Jesus kennenzulernen. Wegen meines Zustandes brauchte ich eine Weile, weißt du.

Reporter: Wie hat die Gemeinde reagiert?

Tochter Abrahams: Vor lauter Überraschung waren alle ganz still. Dann unterbrach Jesus die Stille und sagte: »Frau, du bist von deiner Krankheit erlöst!« Und er legte mir seine Hand auf.

Reporter: In dem Moment konntest du wieder aufrecht stehen?

Tochter Abrahams: Ja, auf der Stelle. Jesus war der erste Mensch, dem ich seit knapp zwei Jahrzehnten wieder aufrecht gegenüberstehen konnte. Ich begann, Gott zu loben wie nie zuvor.

Reporter: Ich habe mitbekommen, dass der Synagogenvorsteher nicht gerade begeistert war.

Tochter Abrahams: Ha! Nein. Er tobte über eine Heilung am Sabbat, aber Jesus wies ihn zurecht. Das war wirklich toll.

Reporter: Jesus gab dir den besonderen Namen »Tochter Abrahams«. Das ist doch gigantisch. Wie hast du dich gefühlt, als er das sagte?

Tochter Abrahams: Begeistert. Überglücklich. Euphorisch. Aber es gibt sowieso kein passendes Wort. Indem er mich Tochter Abrahams nannte, machte er allen Anwesenden klar, dass Frauen denselben geistlichen Rang wie Männer haben. In Gottes Reich sind wir gleich. Ehrlich, das war mindestens so außergewöhnlich, wie plötzlich wieder aufrecht stehen zu können, wenn nicht sogar mehr.

Reporter: Wie hat sich dein Leben seit diesem Tag verändert?

Tochter Abrahams: Oh, verändert hat es sich in jeglicher Hinsicht. Er hat mich auserwählt. Mich. In nur einem Moment heilte er meinen Körper und gab mir mein von Gott gegebenes Ich. Ich staune immer noch über jedes einzelne Wort, das er sagte, über das, was er tat und was das alles bedeutet.

Reporter: Und das wäre?

Tochter Abrahams: Ich bin auserwählt und befreit worden.

Gebetsfokus

Bring alles vor Gott, was dein Herz beschwert. Bitte Gott, dich davon zu befreien.

Die nächsten Schritte

- Welchen Namen würdest du dir von Jesus wünschen?
- Wenn Jesus in deiner Gemeinde auftauchen und dich zu ihm rufen würde, wovon würde er dich befreien?
- Was kannst du tun, um von den Lasten befreit zu werden, die dich im Griff haben?

GEHEILT
Teil 2

»Jetzt drängte sie sich von hinten an ihn heran und berührte sein Gewand. Dabei hatte sie nur einen Gedanken: ›Wenn ich es schaffe, sein Gewand zu berühren, werde ich gesund werden.‹ In dem Augenblick, als ihr das gelang, fühlte sie, dass der Blutfluss aufhörte. Sie konnte die Veränderung spüren und wusste, dass ihre Plage nun ein für alle Mal vorbei war. Jesus hatte gespürt, dass Kraft von ihm ausgegangen war. Er wandte sich suchend um und fragte: ›Wer hat mein Gewand berührt?‹ Seine Jünger reagierten verständnislos: ›Was meinst du denn? Es drängen sich so viele Menschen an dich heran und rempeln dich an, und da fragst du, wer dich berührt hat? Dutzende haben dich berührt.‹ Doch er hörte nicht auf zu fragen und schaute herum, wer es gewesen sein könnte. Die Frau, die wusste, was passiert war und dass sie diejenige war, nach der er suchte, trat vor Angst zitternd vor ihn, kniete nieder und erzählte ihm ihre Geschichte. Jesus sagte zu ihr: ›Tochter, dein Glaube hat dich gerettet und nun bist du geheilt und gesund. Du kannst in Frieden gehen! Du bist von deinem Leiden befreit.‹«

Markus 5,27-34

Reporter: Frau mit den Blutungen, deine Heilung fand unter ganz anderen Bedingungen statt. Erzähl uns von deiner Begegnung mit Jesus.

Tochter: Nur fürs Protokoll, ich höre jetzt auf den Namen »Tochter«. Wie die Tochter Abrahams habe ich viele Jahre gelitten – zwölf Jahre lang. Ich bin bei unzähligen Ärzten gewesen, aber keiner konnte mir helfen. Ich war verzweifelt.

Reporter: So verzweifelt, dass du dich durch die Menge gekämpft hast?

Tochter: Ja, das musste ich. Das war der einzige Weg zu Jesus. Ich wusste, dass ich höchstwahrscheinlich bemerkt und schwer bestraft werden würde. Unrein zu sein ist keine Kleinigkeit, weißt du. Mir war jeglicher menschliche Kontakt verboten worden, aber ich musste es einfach versuchen.

Reporter: Und dann wurdest du ja ziemlich umhergeschubst in dieser Menschenmenge. Erzähl uns von der Berührung, die die Menschen so berührt und fasziniert. Wurdest du direkt in dem Moment geheilt?

Tochter: Ja. Sofort. Es fühlte sich so an, als ob sein ganzes Wesen, selbst sein Gewand, von Gottes wunderbarer Kraft durchtränkt war. Das Bluten hörte auf. Ich spürte in meinem Körper, dass ich von meinem Leid befreit war.

Reporter: Ich schätze, dass du gehofft hattest, unbemerkt durch die Menge wieder zu verschwinden, aber es war anders, oder?

Tochter: Jesus drehte sich um und fragte: »Wer hat mein Gewand berührt?« Zuerst war ich starr vor Schreck. Ich wusste nicht, ob er sauer war oder nicht. Doch er hielt weiterhin Ausschau. Mir war klar, dass er sowieso wusste, dass ich es war. Er ist schließlich Jesus. Allein sein Gewand hat mich geheilt. Also trat ich nach vorn und fiel vor ihm auf die Knie.

Reporter: Auch an dich die Frage, die ich schon der Tochter Abrahams gestellt habe: Hattest du Angst?

Tochter: Die Situation hat mir natürlich Angst eingejagt. Ich zitterte, als ich ihm die Wahrheit sagte, aber dann hatte ich keine Angst mehr vor ihm. Seine Augen waren voller Mitgefühl. Er hätte einfach weitergehen können, aber er blieb stehen, um mit mir zu reden, nicht um mich zu beschimpfen. Er hörte mir zu und hatte Verständnis. Er sagte: »Tochter, dein Glaube hat dich gesund gemacht. Geh in Frieden. Du bist geheilt.«

Reporter: Wie hat sich dein Leben seit diesem Tag verändert?

Tochter: Na ja, ich bin jetzt körperlich gesund! Aber das bedeutet nicht, dass ich Jesus jetzt nicht mehr brauche. Die

Heilung hat mich vielmehr mit ihm verbunden. Er hat mich befreit, damit ich mein Leben mit ihm fortsetzen kann. Jesus hat meine Krankheit genutzt, um unsere Beziehung wiederherzustellen und mich in jeglicher Hinsicht heil zu machen. Ich bin auserwählt und befreit worden.

Gebetsfokus

Hast du das Gebet vom vorherigen Kapitel gebetet? Mach damit weiter. Bring deine Sorgen weiterhin zu Gott und bitte ihn, dich von ihnen zu befreien. Er schickt dich nicht weg, wenn du verzweifelt bist.

Die nächsten Schritte

- Welches Risiko bist du bereit einzugehen, um zu Jesus zu gelangen?
- Wann und warum wolltest du unbedingt in der Gegenwart von Jesus sein? Was hast du dafür getan?
- Wie hat Jesus die Bereiche deines Lebens geheilt, die nicht in Ordnung waren?

ERSCHAFFEN

>»Wir sind so oder so seine ureigenste Schöpfung, ins Leben gerufen durch Jesus Christus, damit wir in dieser Welt all die guten Dinge tun können, die Gott schon im Voraus für uns vorbereitet hat.«
>*Epheser 2,10*

Warum sollte man etwas erschaffen? Warum sollte man irgendein Produkt erfinden, das es in ähnlicher Version im nächsten Baumarkt bereits gibt? Warum malt man ein Original, wenn es unzählige Kopien davon geben wird? Warum dieses besondere Café eröffnen, von dem du immer geträumt hast, wenn Dutzende von Franchise-Cafés die Landschaft zieren? Warum sollte man etwas bauen, wenn es so viel einfacher wäre, es einfach … zu lassen? Gute Frage. Vor allem, nachdem man die Risiken gegen den Gewinn aufgewogen und ein paar Worst-Case-Szenarien durchdacht hat. Schnell wird klar, dass es kostspielig und kompliziert sein kann, etwas Bedeutendes zu erschaffen. Ist es das also wert?

Frag einen Erfinder, Künstler oder Unternehmer und sie werden dir sagen, dass es das wert ist. Sie werden dir sagen, dass es nicht allein um das fertige Produkt geht. Sie werden dir von der Freude am gesamten Prozess erzählen – von der Erfüllung beim Brainstorming und kreativen Problemlösen, bei der Produkteinführung, bei der Weiterentwicklung. Sie werden strahlen wegen der unerwarteten Entdeckungen, die sich auf dem Weg ergeben haben, über den Erfolg ihres Durchhaltens und die unglaublichen neuen Möglichkeiten, mit denen sie die Welt verändern.

Frag den Schöpfer und er wird dir dasselbe mitteilen. Es lohnt sich. Er bezahlte den Preis und kennt unseren Lohn. Er ist größer als irgendein Worst-Case-Szenario. Lies die Bibel und du wirst entdecken, dass er dich geschaffen, geformt, befreit und dich beim Namen gerufen hat. Er wird dir sagen, dass er einen Plan für dein Leben hat und dass du keine billige Kopie von irgendjemandem bist. Du bist du, und du wurdest zu einem ganz bestimmten Zweck geboren. Seine gesamte Kollektion beinhaltet nicht eine einzige Kopie. Und ganz egal, wie überfüllt dieser Planet manchmal zu sein scheint – dein Leben beweist, dass es dich geben muss. Es zeigt, dass du gute Werke tun kannst.

Weil wir nach Gottes Ebenbild geschaffen wurden, sind wir dazu bestimmt, zu träumen, zu erschaffen, zu dienen, zu lieben und das zu tun, was er schon für uns vorbereitet hat. Dies zu entdecken und weiterzuführen ist zu unserem Besten und zur Ehre Gottes. Das ist eine große Sache. Wenn wir unserer Bestimmung folgen, erhaschen wir einen lebensverändernden Blick auf Gott und wer wir in ihm sind.

Sieh dir Petrus, Matthäus und den Rest der Truppe an. Noch bevor Jesus sie beim Namen rief, hatte Gott bereits jedes einzelne Ereignis geplant, von dem wir in der Bibel lesen können. Sie waren auserwählt. Ihre guten Taten waren schon vorbereitet. Ihre Aufgabe war es, diese Taten auszuführen. Bevor wir jetzt aber bei der Großartigkeit ihrer Berufung hängen bleiben und uns selbst im Vergleich mit ihnen als Verlierer betrachten, erinnere dich daran, dass wir dazu berufen sind, dasselbe zu tun: das Reich Gottes weiter voranzubringen und uns um neue Jünger zu kümmern.

Gott hat schon jetzt für die einzigartigen Möglichkeiten gesorgt, durch die wir den Missionsbefehl erfüllen können. Unsere Aufgabe ist es, einfach loszugehen. Das Schöne ist, dass das jederzeit möglich sein kann – in einer Maschinenhalle, einem Malkurs oder am Ecktisch deines Lieblingscafés.

Gebetsfokus

Bitte Gott darum, dir zu zeigen, wie du deine Berufung am besten erfüllen und die »guten Werke« entdecken kannst, zu denen er dich geschaffen hat.

Die nächsten Schritte

- Beschreibe eine wichtige Aufgabe, an der du beteiligt bist.
- Was hast du während des Arbeitsprozesses über Gott gelernt?
- Welche einzigartigen Möglichkeiten hast du, um am Reich Gottes mitzuwirken?

WÖLFE

»Darum hütet euch vor falschen Predigern, die dauernd lächeln und es angeblich nur gut mit euch meinen. Nicht selten sind sie es, die euch von dem schmalen Weg abbringen und auf die bequemere Straße locken.«
Matthäus 7,15

»Wölfe« erkennt man nicht an ihrem auffälligen Äußeren. Im Gegenteil, sie sind schlau und kleiden sich angemessen. Sie beobachten die Trends und wissen längst, wie wichtig es ist, sich an die ständig neuen Vorlieben und Wünsche der Schafe anzupassen. Entscheidend ist ein solides Selbstmarketing und zum Glück für die Wölfe war das noch nie so einfach wie heute. Wölfe wissen, was sie sich zunutze machen müssen. Ganz oben auf ihrer Liste steht die schnelle Befriedigung. Schlagfertige Tweets und gekonnt gefilterte Memes können echtes Bibelwissen jederzeit in den Schatten stellen. Gesellschaftliche Verantwortung? Immer gut fürs Business. Und natürlich die beste Version von dir selbst zu sein. Oder einfach nur du selbst zu sein. #Selfie #Selbstliebe #Selbstfürsorge #Ichichich

Wölfe gefallen der Masse. Sie suchen nicht nach Meinungsverschiedenheiten oder Kontroversen – das wäre ja verrückt. Kontroverse Themen mögen vielleicht einen zweitklassigen Blog am Leben halten, aber damit wird man keine Stadien füllen. Übereinstimmung, Begeisterung und Offenheit hingegen machen sich bezahlt und bringen große Beute. #Kasseklingeln

Oh ja, und das macht die Welt zu einem besseren Ort und so weiter. »Wer sind wir, dass wir über irgendetwas oder irgendjemanden urteilen?«, fragt der Wolf, um anderen Sand in die Augen zu streuen. »Wir sind doch hier, um uns einfach alle lieb zu haben und gute Menschen zu sein.« #Besserwerden #Folgmir #Ichsagewasihrhörenwollt

Übereinstimmung, Gebrauchtwagen, Teilzeitnutzungsrechte, Spiritualität – egal um was es sich handelt, das sind alles nur Produkte. Genau wie jeder gute Verkäufer kennt der Wolf sein Produkt besser, als seine Kunden es tun. Er verlässt sich auf seine Kreativität, Botschaft, Marketing und Persönlichkeit. Natürlich wird auch mal über Jesus gesprochen, aber mehr in Form einer Anekdote, nicht über ihn als Messias und Sohn Gottes. Das würde Jesus zum Hauptdarsteller machen und das ist schlecht fürs Geschäft. Wölfe ziehen die Aufmerksamkeit auf sich, auf ihren Namen und ihre Produkte und nehmen dabei noch – und das ist besonders zerstörerisch – Güte und Liebe mit ins Programm auf. Das Ganze verpacken sie in Storys, die viel mehr im Trend liegen als die angestaubten Worte von anno dazumal.

Wölfe setzen alle Mittel ein, um ihren Hunger nach Anerkennung, Ehre, Status und Wohlstand zu stillen. In einer Zeit, in der Angeber gefeiert werden und Eigennutz zu guten Taten stilisiert wird, ist es schwerer geworden, Wölfe zu erkennen. Aber wir müssen sie enttarnen, wenn wir nicht getäuscht werden wollen.

Wie machen wir das also? Zuerst einmal hören wir auf, zu konsumieren, was Wölfe uns entgegenschreien. Wir hören auf, irgendwelchen Geschichten und spirituellen Eingebungen zu folgen, sondern entscheiden uns für das Wort Gottes. Wir lesen die Bibel und denken über Gottes Worte nach. Wir ersetzen schnelle Befriedigung durch die dauerhafte innere Zufriedenheit, indem wir Jesus erlauben, unsere Vorlieben und Wünsche zu bestimmen. Wir lehnen jegliche Botschaften ab, die uns Leichtigkeit vorgaukeln oder dass es keine Widerstände mehr gäbe, denn sie stehen im Gegensatz zum Vorbild und der Botschaft von Jesus. Wir lernen, wer er ist und wer wir in ihm sind – wir sind auserwählt. Nicht von den Wölfen, damit sie uns ausbeuten können, sondern auserwählt von dem wahren und lebendigen Gott, um jetzt und bis in alle Ewigkeit bei ihm zu sein.

Gebetsfokus

Bitte Gott, dass du einen Wolf oder Botschaften von Wölfen durchschaust.

Die nächsten Schritte

- Jesus sagt: »*Achtet auf die Früchte ihrer Arbeit. Man kann nun mal von Dornensträuchern keine Trauben ernten und von Disteln keine Beeren*« *(Matthäus 7,16)*. Was bedeutet das?
- Wie kannst du Wölfe besser erkennen?
- Was kannst du tun, um dein Herz, deinen Verstand und deine Liebsten vor Wölfen zu bewahren?

QUELLE

»Er kam nach Sychar, einem Dorf der Samariter, das unmittelbar am Rande des Feldes lag, das Jakob seinem Sohn Josef gegeben hatte. Der Brunnen von Jakob war immer noch da. Jesus war von der Wanderung müde geworden und setzte sich an dem Brunnen nieder. Es war um die Mittagszeit. Da kam eine Frau aus dem nahe gelegenen Ort, um Wasser zu schöpfen. Jesus bat sie: ›Würdest du mir einen Schluck Wasser geben?‹ Seine Jünger waren weitergegangen, um in dem Dorf etwas zu essen zu kaufen. Die Frau war völlig überrascht und fragte ihn: ›Wie könnt Ihr, ein Jude, mich, eine Frau aus Samarien, um etwas zu trinken bitten?‹ In jenen Tagen hätte ein Jude sich nämlich lieber auf die Zunge gebissen, als mit einem Samariter zu reden. Jesus entgegnete: ›Wenn du wüsstest, was Gott dir schenken möchte und wer derjenige ist, der dich um einen Schluck Wasser gebeten hat, dann hättest du ihn deinerseits um das lebendige Wasser gebeten, das er zu verschenken hat.‹«
Johannes 4,5-10

Es war Mittag in Samarien und Jesus redete mit einer Frau. Das war außergewöhnlich, weil Juden die Samariter eigentlich hassten. Die Kinder, die aus einer jüdisch-samaritanischen Ehe hervorgingen, die das jüdische Gesetz eigentlich verbot, waren zur Hälfte jüdisch und zur Hälfte nicht jüdisch. Sie wurden verachtet. Es ging sogar so weit, dass Juden einen Umweg von mehreren Tagen in Kauf nahmen, wenn sie von Judäa nach Galiläa reisten, um nicht durch Samarien reisen zu müssen. Nicht aber Jesus.

Interessant ist auch die Tageszeit, denn Wasser wurde immer morgens geschöpft, wenn die Sonne noch niedrig stand. Der Brunnen lag außerhalb der Stadt und die Arbeit war beschwerlich. Mitten in der Wüste in der Mittagssonne Wasser zu schöpfen war ein klares Zeichen dafür, dass diese Frau Menschen mied – und Jesus wusste, warum. *»Da sagte Jesus unvermittelt zu ihr: ›Geh bitte, ruf deinen Mann und dann komm zurück.‹ ›Ich habe keinen Mann‹, gestand sie. ›Ja, es stimmt, was du sagst‹, bestätigte Jesus. ›Du hast wirklich keinen Mann, denn fünf hast du bereits gehabt, und der, mit dem du gerade zusammenlebst, ist nicht dein Mann‹« (Johannes 4,16-18).*

Vermutlich eilte ihr ein schlechter Ruf voraus, egal wo sie hinging. Sie war benutzt und weggestoßen worden oder vielleicht hatte sie es sich angewöhnt, Männer wegzustoßen. Was auch immer die Gründe waren, ihr Leben war erfüllt von Skandalen und ganz ohne Freundschaft. Ich kann mir gut vorstellen, was die Leute hinter ihrem Rücken über sie sagten. Oder ihr vielleicht auch direkt ins Gesicht. Das machte das weitere Geschehen so außergewöhnlich. *»Da erwiderte die Frau: ›Woher wisst Ihr das? Ich weiß nur, dass der Messias kommen wird, und wenn er dann da ist, wird er uns all diese Dinge beibringen.‹ ›Genau das ist ja gerade geschehen‹, entgegnete Jesus ihr, ›vielleicht fällt es dir leichter, jetzt zu verstehen, dass ich es bin‹«* (Johannes 4,25-26).

Diese Worte, gesprochen zu einem der am geringsten geschätzten Menschen, änderten den Lauf der Geschichte: *»Ich bin es.«* Bis zu diesem Moment hatte Jesus seine wahre Identität nur angedeutet. Diese bedeutungsvollen Worte – also die Ankündigung von Gottes Ankunft auf der Erde, die Erfüllung jahrhundertealter Prophezeiungen über den Messias, der Plan des Meisters, die gesamte Schöpfung zu erneuern – wurden einer Frau zugeflüstert, die niemand wollte. Jesus hatte gewusst, dass sie am Brunnen sein würde. Er kannte ihren Namen, ihren Schmerz und ihre Not. Wegen ihr war er hergekommen, denn Christi unermessliche Barmherzigkeit, die keine Unterschiede kennt, ist die Quelle seiner Mission: die Verlorenen zu retten und sie zu erlösen. *»Doch jeder, der von dem Wasser trinkt, das ich ihm geben werde, wird nie mehr durstig werden. Dieses Wasser wird in ihm zu einer sprudelnden Quelle, die in ein nie enden wollendes Leben hinüberfließt«* (Johannes 4,14).

Gebetsfokus

Bitte Gott, dich von jeglichen Vorurteilen gegenüber anderen Menschen zu befreien, sodass du sie so sehen kannst, wie Christus die Frau aus Samarien sah. Bitte ihn, dir zu helfen, lebendiges Wasser mehr schätzen zu lernen als körperliche Bedürfnisse.

Die nächsten Schritte

- Welche Bedeutung hatte es, dass Jesus sich einer Außenseiterin offenbarte, die nicht nur eine Frau, sondern auch noch Samariterin war?
- Inwiefern war Jesus anders als jeder andere Mensch, dem die Frau bisher begegnet war? Was hat sie erwartet, wie er sie behandeln würde?
- Nachdem sie verstanden hatte, dass Jesus der Messias ist, verbreitete sie die Botschaft. Wie kannst du dasselbe tun?

Tag 40:

MISSION

»›Ich war hungrig, und ihr habt mir zu essen gegeben, ich war durstig, und ihr habt mir zu trinken gegeben, ich war obdachlos, und ihr habt mich bei euch aufgenommen, ich habe vor Kälte gezittert, und ihr habt mich mit Kleidung versorgt, ich war krank, und ihr habt euch die Zeit genommen, um mich zu besuchen, ich war im Gefängnis, und ihr seid zu mir gekommen.‹ Dann werden die Angesprochenen verblüfft fragen: ›Herr, worüber redest du denn da? Wann haben wir dich jemals hungrig gesehen und dir zu essen gegeben? Wann kamst du durstig zu uns und wir gaben dir zu trinken? Wann haben wir dich jemals krank oder im Gefängnis gesehen und sind zu dir gekommen?‹ Da wird der Menschensohn ihnen antworten: ›Das ist die ganze Wahrheit: Was ihr von alldem für Menschen getan habt, die man gerne übersieht und übergeht, das habt ihr für mich getan.‹«

Matthäus 25,35-40

Jesus wählte zwölf Männer als »Task Force« für das Evangelium aus. Zwölf Jünger, die drei Jahre lang mit ihm unterwegs waren, die miterlebten, wie er sich um die Menschen kümmerte, die seinen Predigten zuhörten und dadurch Gottes Herz für die Menschen kennenlernten.

Nachdem Jesus in den Himmel aufgestiegen war, lag seine Mission in den Händen dieser zwölf Männer: der Welt die gute Nachricht zu überbringen, dass die Beziehung mit Gott wiederhergestellt werden kann. Dass der Himmel die Nachfolger Jesu erwartet. Dass jeder gerettet wird, der glaubt, dass Jesus Gottes Sohn ist. Und dass Jesus nachzufolgen bedeutet, Gott und die Menschen so zu lieben, wie er es tat. Die ausgestoßenen Leprakranken, die Blinden und Lahmen, die eine Last für die Gesellschaft waren, die Frauen und Dienerinnen, die ausgegrenzt und entrechtet wurden, die Kinder, die verletzlich waren und übersehen wurden, die Wohlhabenden, die hoffnungslos selbstzufrieden waren, die Verlorenen, die Gebrochenen und die vom Schicksal Gebeugten. Sie alle einte ihre absolute Unfähigkeit, sich selbst zu retten. Doch Jesus kam, um die Verlorenen zu suchen und zu retten.

Die Einstellung der Jünger wurde völlig neu ausgerichtet. Alles, was sie über das Leben zu wissen glaubten, wurde auf den Kopf gestellt. Die neue Ordnung im Reich Gottes sieht vor, anderen den Vorrang zu geben, zu lieben, statt zu hassen, für die zu beten, die andere verfolgen, durch Dienen weiterzukommen, statt sich vorzudrängeln, zu geben, wenn es uns etwas kostet, auf Gottes Fürsorge zu vertrauen, egal wie groß der Mangel ist, zu sterben, um zu leben. Jesus veränderte alles. Seine Liebe, sein Leben und seine Bestimmung mit allen Menschen zu teilen, auch und gerade mit den geringsten von diesen, wurde zur Aufgabe der Jünger.

Daran hat sich auch über zweitausend Jahre später nichts geändert. Die Nachfolger von Jesus wirken immer noch mit, das Reich Gottes aufzubauen, und wir können an diesem Prozess teilhaben. Dazu sind wir aufgerufen! Es ist immer noch unsere Aufgabe, Menschen zu retten, indem wir sie zu dem führen, der sie gemacht hat, der sie liebt und der sie heilen und erneuern kann. Zwischen Licht und Dunkelheit wird Krieg geführt.

Um teilzuhaben an Gottes sicherem Sieg, müssen wir Gottes Sache unserer eigenen voranstellen und mutig die Wahrheit verkünden. Wir müssen beharrlich darauf vertrauen, dass Gott seine Versprechen einhalten wird. Wir müssen die lieben, die er liebt, denen dienen, denen er dient, und nicht damit aufhören, das Gute zu tun, das Jesus getan hat. Und das alles um seinetwillen, weil er uns liebt, weil er uns gerettet hat und weil wir ihn ebenfalls lieben. Bis er wiederkommt, wird diese Mission bestehen bleiben.

Bühne frei, Licht an: Die Auserwählten Gottes kommen!

Gebetsfokus

Danke Gott für seinen Sohn. Danke ihm, dass Jesus nicht nur kam, um für uns zu sterben, sondern auch, um dir zu zeigen, wie man als sein Nachfolger lebt. Bitte ihn um den Mut, das zu leben, was du von ihm gelernt hast.

Die nächsten Schritte

- Jesus nimmt das, was du für andere tust oder nicht tust, persönlich. Was bedeutet das für dich? Motiviert dich das?
- Woran denkst du, wenn du Matthäus 25,35-40 liest? Was zeigt dir der Heilige Geist? Was sollst du tun?
- Unsere Mission ist ganz klar, aber wir lassen uns leicht davon ablenken. Was muss sich in deinem Leben, in deinen Beziehungen, an deinen Prioritäten und deinen Perspektiven ändern, damit du noch aktiver darin wirst, so zu leben, wie Jesus es tat?

ÜBER DIE AUTOREN

Amanda Jenkins

ist Rednerin und Autorin mehrerer Bücher. Ihr autobiografisches Buch *Confessions of a Raging Perfectionist* hat insbesondere im Bereich der Frauen-Bibelarbeit und bei Fachtagungen in den USA große Beachtung gefunden. Es ist ihr ein Herzensanliegen, über Authentizität im Glauben zu schreiben und zu lehren, so auch hier in diesem Andachtsbuch. Gemeinsam mit ihrem Mann Dallas und ihren vier Kindern lebt sie in Texas.

Kristen Hendricks

ist Autorin, Künstlerin und Gründerin von *Small Girl Design*. Sie war als Geschäftsführerin einer Organisation gegen Menschenhandel in Ostafrika tätig, bevor sie anfing zu illustrieren (im wörtlichen Sinn), wie ein großer Gott durch ein kleines Mädchen (engl.: small girl) wirken kann – eine Erfahrung, die sie bereits während ihrer Arbeit in Afrika immer wieder machen durfte. Ihr besonderes Herzensanliegen ist es, Frauen zum Glauben an Jesus zu führen. Gemeinsam mit ihrem Mann Joe und ihren beiden Töchtern lebt sie in der Nähe von Chicago.

Dallas Jenkins

ist der Produzent von *The Chosen*. Er ist seit über zwanzig Jahren als Regisseur tätig, ebenso als gefragter Redner, Blogger und Talk-Gast zu den Themen Popkultur und Glauben. Er hat bereits mehr als ein Dutzend Filme produziert und dabei Regie geführt, darunter *What if ... Ein Himmlischer Plan* und *Die Auferstehung des Gavin Stone*. Der sensationelle Erfolg seiner Kurzfilme über die Evangelien aus einer neuen Perspektive gab den Anstoß zu seiner aktuellen Serie *The Chosen* und damit auch zu diesem Andachtsbuch.

Dallas Jenkins (Regie)

The Chosen – Staffel 1
Gewöhn dich an Anders

Jesus – niemand hat die Welt bewegt wie er. In dieser außergewöhnlichen Serie wird klar sichtbar, warum.
Wo er auftaucht, wird alles anders: Für Maria Magdalena, die von ihren inneren Dämonen fast zum Selbstmord getrieben wird. Für den Fischer Simon, der sich in große finanzielle Schwierigkeiten gebracht hat. Für den großen Gelehrten Nikodemus, der sein gesamtes theologisches Wissen plötzlich auf den Kopf gestellt sieht.
»Gewöhn dich an Anders!« sagt Jesus zu Simon (dem späteren Petrus), und damit beginnt das größte Abenteuer aller Zeiten für die Menschen, die sich ihm anschließen und langsam begreifen: Dieser Mann ist der Sohn Gottes. Der Messias, auf den das jüdische Volk seit Jahrhunderten wartet!
Ein Jesus, der so menschlich ist, wie man ihn noch nie gesehen hat. Warmherzig, humorvoll, einladend, echt – und so unwiderstehlich, dass man begreift, warum die Menschen alles stehen und liegen lassen, wenn er sagt: »Komm mit mir!«

Als DVD und Bluray erhältlich.
Nr. 045.127

Jerry B. Jenkins

The Chosen – Ich habe dich
bei deinem Namen gerufen
Das Buch zur ersten Staffel der Serie.

Geschrieben von Bestsellerautor Jerry B. Jenkins wird hier ein
Stück Geschichte lebendig, denn der Roman gewährt tiefe
Einblicke in das Leben der Apostel Simon Petrus, Andreas, Jakobus und Johannes, Matthäus und Maria Magdalena. Wer
waren all diese Menschen, die Christus berührte, heilte und
mit denen er seine Zeit auf Erden verbrachte? Und wie muss
es sich angefühlt haben, dem Sohn Gottes von Angesicht zu
Angesicht zu begegnen?
Das Besondere: Hier wird das Leben und Wirken Jesu aus der
Sicht der Menschen um ihn herum beschrieben, und zwar
einerseits in enger Anlehnung an die biblischen Berichte und
andererseits auf eine so lebendige Art und Weise, dass man
das Gefühl hat, selbst ein Teil der Geschichte zu sein.

Gebunden, 13,5 x 21,5 cm, ca. 384 S.
Nr. 817.806, ISBN: 978-3-9573480-6-7